Tour de France
2005

Sport-Informations-Dienst (sid) • Agence France Presse (AFP)

Tour de 2005 France

COPRESS
SPORT

Eine Produktion des Copress-Teams, München

Lektorat und Bildredaktion	Hans-Peter Copony
Produktion und Layout	Gaby Herbrecht
Reproduktion	CrossMedia, München
Umschlaggestaltung	Stiebner Verlag GmbH
Alle Fotos	Agence France Presse, AFP
Textredaktion	Wolfgang Griese, Michael Huppertz Sport-Informations-Dienst (sid)
sid-Reporter bei der Tour	Oliver Görz, Stefan Tabeling, Martin Haas
sid-Grafiken	Jürgen Reschke, Jonas Schwedt

Bibliografische Information Der Deutschen Bibliothek	Die Deutsche Bibliothek verzeichnet diese Publikation in der Deutschen Nationalbibliografie; detaillierte bibliografische Daten sind im Internet über <http://dnb.ddb.de> abrufbar.
ISBN	3-7679-0668-6
Copyright	© 2005 Copress Verlag in der Stiebner Verlag GmbH, München Alle Rechte vorbehalten. Wiedergabe, auch auszugsweise, nur mit Genehmigung des Verlags.
Gesamtherstellung	Copress, München. www.copress.de
Papier	gedruckt auf Nordland »NopaCoat«
Printed in	Germany, by Sellier Druck, Freising
Bindung	Conzella, Pfarrkirchen

Ende einer Ära

Es war der siebte Streich. Lance Armstrong hat seine Mission beendet und steht nun als Fixstern am Firmament. Als Erinnerung an einen, bei dem Genie und Wahnsinn nur schwer zu unterscheiden waren. Sein Rekord ist in Stein gemeißelt. Ob für alle Zeiten, werden nur die Götter wissen.

Jan Ullrich hat es auch im fünften Anlauf nicht geschafft, den Giganten zu stürzen. Seit 1999, als er ihn erstmals herausforderte, hat der Sieger von 1997 keinen einzigen Tag mehr Gelb getragen. Aber er bleibt ein tapferer Kämpfer und ist als Dritter aufs Podium in Paris zurückgekehrt. Zum siebten Mal bei acht Teilnahmen: Respekt.

T-Mobile blieb trotz drei Tagessiegen hinter den eigenen hohen Erwartungen zurück. Nicht wenige haben auch Erik Zabel vermisst. Die Doppelspitze Ullrich-Winokurow stach nicht, und der Abgang des Kasachen schmerzt. Das Team Gerolsteiner rückte mit dem Erfolg von Georg Totschnig in den Pyrenäen und Kapitän Levi Leipheimer im Gesamtklassement näher: Glückwunsch.

Die Ära eines Außerirdischen ist zu Ende. Superman tritt ab – und hinterlässt die allgemeine Erleichterung. Sein Abgang wird einen Ansturm der Nachfolger entfesseln und die nächste Tour so spannend machen wie lange keine mehr. Freuen wir uns also auf 2006.

Dieter Hennig

≫ Tourtagebuch

Freitag, 1. Juli
Schrecksekunde im T-Mobile-Team: Jan Ullrich prallt im Training bei einem Bremsmanöver auf das Heck des von Mario Kummer gesteuerten Mannschaftswagens.

Samstag, 2. Juli
»Krieg der Sterne«. Die französische Sportzeitung L'Equipe verteilt an Lance Armstrong in der Favoriten-Liste fünf Sterne, an Jan Ullrich, Alexander Winokurow und Ivan Basso jeweils 4. Mit einem Stern muss sich der Vorjahres-Zweite, Andreas Klöden, begnügen.

Sonntag, 3. Juli
Pressestimmen zum Tour-Auftakt: »Ullrich ist nicht der einzige Verlierer des Tages.« (Het Laatste Nieuws, Belgien) – »Zabriskie war sensationell schneller als Tour-König Armstrong.« (Berlingske, Dänemark) – »Nur Zabriskie widersteht dem Orkan Armstrong.« (Aujord'hui, Frankreich) – »Armstrong ist eine Wucht. Er demütigt Ullrich und alle Gegner.« (Tuttosport, Italien).

Montag, 4. Juli
Italiens Sprintstar Alessandro Petacchi schert der Kampf ums Grüne Trikot wenig und bereitet sich auf die Straßen-Weltmeisterschaft Ende September in Madrid vor. Kommentar seines schnellen Kollegen Tom Boonen: »Hier spielt die Musik.«

Dienstag, 5. Juli
Eine routinemäßige Dopingkontrolle haben Jan Ullrich und seine T-Mobile-Kollegen problemlos überstanden. Insgesamt mussten sich 45 Fahrer aus fünf Rennställen Blutkontrollen unterziehen.

Mittwoch, 6. Juli
Geschockt zeigt sich Tour-Direktor Jean-Marie Leblanc nach der IOC-Entscheidung gegen Paris und für London als Austragungsort der Olympischen Sommerspiele 2012: »Wir müssen die Entscheidung akzeptieren und wünschen London viel Glück. Für Frankreich sind wir traurig.«

Donnerstag, 7. Juli
Eine Schweigeminute für die Opfer des Attentats von London kündigt die Tour-Leitung für Freitag unmittelbar vor dem Start in Luneville an.
Erik Zabel, erstmals seit 1993 im Juli nicht bei der Tour, feiert bei der Österreich-Rundfahrt als 40. im Bergzeitfahren seinen 35. Geburtstag.

Freitag, 8. Juli
Zum 14. und 15. Mal macht die Tour Station in Deutschland. Karlsruhe und Pforzheim erleben nach 1987 zum zweiten Mal das Gefühl, dabei zu sein. Rund 4500 Helfer sind in Karlsruhe im Einsatz, die Sperrstunde um 1.00 Uhr wurde aufgehoben.

Samstag, 9. Juli
David Zabriskie, Sieger der ersten Etappe und drei Tage in Gelb, fährt über 51 Minuten nach dem Etappensieger ins Ziel. Er war an der ersten Steigung zurückgeblieben, entkommt jedoch dem Ausschluss, da er knapp eine Minute innerhalb des Zeitlimits bleibt.

Sonntag, 10. Juli
Jaan Kirsipuu bleibt seinen bisherigen Tour-Auftritten treu. Sieben Tage vor seinem 36. Geburtstag stieg er auf der 9. Etappe vom Rad. Kirsipuu hat bei seinen bisherigen elf Starts noch nie das Ziel auf den Champs Elysées erreicht.

Montag, 11. Juli
Ein Veilchen unter dem rechten Auge, blaue Flecken am Oberkörper, Schürfwunden an Armen und Beinen, eine Beule am Kopf und die alte Fleischwunde am Hals: Jan Ullrichs Krankenakte nimmt bei der »Tour der Leiden« bedrohliche Ausmaße an. Sein Kommentar: »Die Hollywood-Geschichte müsste jetzt im Kasten sein.«

Dienstag, 12. Juli
Die erste Alpenetappe nach Courchevel startet nicht wie geplant in Grenoble, sondern im 11,5 Kilometer entfernten Brignoud. Französische Bauern protestieren gegen das Jagdverbot der unter Naturschutz stehenden Wölfe und hatten eine Blockade des Tour-Feldes angekündigt.

Mittwoch, 13. Juli
Jens Voigt hat Jan Ullrich zur »Halbzeit« der Tour in der Zuschauergunst überflügelt. Das zumindest ist das Ergebnis einer Internet-Umfrage, bei der Voigt mit 28 Prozent deutlich mehr Sympathien hat als Ullrich (24 %). Allerdings gönnen 50 Prozent Ullrich einen Tour-Gesamtsieg am ehesten.

Donnerstag, 14. Juli
Für einen ausgesprochenen Glückspilz hält Bobby Julich seinen früheren Teamkollegen Lance Armstrong. »Wenn man sechsmal die Tour fährt und dabei 18 Wochen ohne Missgeschick bleibt, muss Glück ein entscheidender Faktor sein. Aber er kann auch aufs Gesicht fallen und gewinnt trotzdem die Tour.«

Freitag, 15. Juli
Entwarnung für Tom Boonen. Der im Grünen Trikot verletzt ausgeschiedene Sprinter muss nur kurz pausieren. Bei einer Untersuchung wurde eine Verletzung am Rand der rechten Kniescheibe und innere Blutungen festgestellt. In zehn Tagen soll der Quickstep-Profi wieder voll belastbar sein.

Samstag, 16. Juli
Die Fans von Spaniens Rad-Idol Roberto Heras haben ihrem Star den Rücken gekehrt. Ihr Bus mit der Aufschrift »Roberto Heras« verabschiedet sich Richtung Heimat. Zu diesem Zeitpunkt hat der Tour-Fünfte von 2000 über 57 Minuten Rückstand auf das Gelbe Trikot.

Sonntag, 17. Juli
Schlechte Erinnerung hat Jan Ullrich an den Col de Peyresourde. Auf der Abfahrt war er bei der Tour 2001 spektakulär über den Straßenrand hinaus in einen Abhang gestürzt, kam aber mit dem Schrecken davon. Dieses Mal ging alles gut.

Montag, 18. Juli
Vor zehn Jahren, am 18. Juli 1995, kam Fabio Casartelli in einer Kurve zu Fall und schlug mit dem Kopf unglücklich auf einen Begrenzungsstein. Für den Italiener kam jede Hilfe zu spät. Casartelli war das vierte Todesopfer bei der Tour.

Dienstag, 19. Juli
Die australischen Tour-Fahrer treten mit Trauerflor zur 16. Etappe an. Sie gedenken damit ihrer Kollegin Amy Gillett, die am Montag bei einer Trainingsfahrt für die Thüringen-Rundfahrt bei einem Unfall starb.

Mittwoch, 20. Juli
Auf ruhigere Zeiten bis Paris hofft T-Mobile-Arzt Stefan Voigt. »Jetzt sind rund 100.000 Kalorien verbraucht, jeder Fahrer hat rund zwei Kilo Körpergewicht abgenommen und der Körperfettgehalt ist von acht auf sechs Prozent zurückgegangen«, konstatiert der Mediziner.

Donnerstag, 21. Juli
Rund 2300 Sicherheitskräfte sollen bei der Ankunft der Tour-Karawane in Paris am Sonntag für Sicherheit sorgen. Zwar steht der reibungslose Ablauf der verkehrstechnischen Situation im Vordergrund, verdeckte Ermittler sollen auch Anschläge verhindern. Vorsichtshalber werden einige Metro-Stationen zeitweise geschlossen.

Freitag, 22. Juli
Auch als Kapitän in einem französischen Team werden Alexander Winokurow kaum Chancen auf einen Tour-Gesamtsieg eingeräumt. Auf die Leserfrage der französischen Zeitung L'Equipe, ob er Kasache Nachfolger von Lance Armstrong werden könne, antworteten 76 Prozent der Leser mit Nein.

Samstag, 23. Juli
Den Traum von der Ankunft auf den Champs Elysées von Paris will der Tscheche Josef Zimovcak nach einem schweren Sturz nicht aufgeben. Der 48 Jahre alte Fan begleitet die 3607 km lange Tour auf dem Fahrrad. Dafür verließ er trotz Rippenbruch, Oberarm-Fraktur und Schädelquetschungen das Krankenhaus.

Sonntag, 24. Juli
Direktor Jean-Marie Leblanc hat eine positive Bilanz der 92. Tour de France gezogen. Trotz der erneuten Dominanz von Lance Armstrong meint er: »Ich habe mich nie gelangweilt. Jeden Tag gab es Ausreißversuche. Dazu kamen sehenswerte Attacken von Winokurow, Basso und Ullrich.«

le Tour de France 2005
le Tour de France 2005
Discovery
T-Mobile

Aquarel
Illes Balears
KONICA MINOLTA

Die Tour de France 2005
vom 2. bis 24. Juli über 3607 km

Startorte Zielorte
Ziel- und Startorte
Etappenroute
Einzelzeitfahren
Mannschaftszeitfahren
17 165 Etappe/Kilometer (gerundet)

PARIS
Champs-Elysees
21 144
Corbeil-Essonnes
Montargis
7 229 Karlsruhe
Nancy
6 199 Luneville
Pforzheim
8 232
Troyes
Gerardmer
9 171
Mühlhausen
4 68 Blois
Tours
5 183
Chambord
Ile de Noirmoutier Les Essarts
3 213
1 19
FROMENTINE
La Chataigneraie
2 182
Challans
Saint-Etienne
10 193 Courchevel
Issoire
20 55
11 173
19 154
Briancon
Grenoble
Le Puy-en-Velay
Mende
12 187
18 189
Albi
13 174
Digne-les-Bains
17 240 Revel
Pau
Miramas
Mourenx
Montpellier
Lezat-sur-Leze
16 181
15 201 Agde
Saint-Lary-Soulan
14 221
Ax-3-Domaines

© sid 20050622-DE51

≫ Etappenplan – 2. Juli bis 24. Juli 2005

1. Etappe Samstag, 2. Juli: Einzelzeitfahren, Fromentine – Île de Noirmoutier (19 km)

2. Etappe Sonntag, 3. Juli: Challans – Les Essarts (181,5 km)

3. Etappe Montag, 4. Juli: La Châtaigneraie – Tours (212,5 km)

4. Etappe Dienstag, 5. Juli: Mannschaftszeitfahren, Tours – Blois (67,5 km)

5. Etappe Mittwoch, 6. Juli: Chambord – Montargis (183 km)

6. Etappe Donnerstag, 7. Juli: Troyes – Nancy (199 km)

7. Etappe Freitag, 8. Juli: Lunéville – Karlsruhe (228,5 km)

8. Etappe Samstag, 9. Juli: Pforzheim – Gérardmer (231,5 km)

9. Etappe Sonntag, 10. Juli: Gérardmer – Mühlhausen (171 km)

Ruhetag Montag, 11. Juli: Grenoble

10. Etappe Dienstag, 12. Juli: Grenoble – Courchevel (177,5 km)

11. Etappe Mittwoch, 13. Juli: Courchevel – Briançon (173 km)

12. Etappe Donnerstag, 14. Juli: Briançon – Digne-les-Bains (187 km)

13. Etappe Freitag, 15. Juli: Miramas – Montpellier (173,5 km)

14. Etappe Samstag, 16. Juli: Agde – Ax-3-Domaines (220,5 km)

15. Etappe Sonntag, 17. Juli: Lézat-sur-Lèze – Saint-Lary-Soulan/Pla-d'Adet (205,5 km)

Ruhetag Montag, 18. Juli: Pau

16. Etappe Dienstag, 19. Juli: Mourenx – Pau (180,5 km)

17. Etappe Mittwoch, 20. Juli: Pau – Revel (239,5 km)

18. Etappe Donnerstag, 21. Juli: Albi – Mende (189 km)

19. Etappe Freitag, 22. Juli: Issoire – Le Puy-en-Velay (153,5 km)

20. Etappe Samstag, 23. Juli: Einzelzeitfahren, Saint-Etienne – Saint-Etienne (55,5 km)

21. Etappe Sonntag, 24. Juli: Corbeil-Essonnes – Paris Champs-Élysées (144 km)

Blitzstart für Armstrong – Höchststrafe für Ullrich

Schwere Schlappe für Jan Ullrich zum Tour-Auftakt: Während sein großer Widersacher Lance Armstrong beim 19 km langen Zeitfahren von Fromentine nach Noirmoutier hinter Überraschungssieger David Zabriskie (USA) Zweiter wurde, erreichte der T-Mobile-Kapitän klar geschlagen als Zwölfter das Ziel. Die Höchststrafe kassierte der 31-Jährige, als ihn der eine Minute später gestartete US-Amerikaner gut 3 km vor dem Ziel überholte. Ullrich wurde zum ersten Mal in einem Zeitfahren eingeholt. Armstrong hatte in 20:53 Minuten letztlich zwei Sekunden Rückstand auf seinen siegreichen Landsmann, aber 1:06 Minuten Vorsprung vor Ullrich (21:59), der am Tag vor dem Auftakt-Zeitfahren im Training auf den Wagen seines sportlichen Leiters Mario Kummer geprallt war und neben Schnittwunden am Hals auch Prellungen davon getragen hatte. »Die Muskeln haben schon etwas geschmerzt«, sagte Ullrich.

Den Sturzfolgen wollte er aber nicht die Schuld an der Niederlage geben. »Es war nicht mein Glückstag, ich habe keine Erklärung für den Einbruch. Es war vor allem kein schönes Gefühl, von Lance überholt zu werden. Im Moment bin ich etwas demoralisiert, aber es sind noch drei Wochen. Ich werde weiterkämpfen«, sagte der geschlagene Herausforderer. »Das war ein

Mit großen Ambitionen ins Rennen gegangen, kehrte schon nach den ersten 19 Kilometern der Tour 2005 Ernüchterung ein. Jan Ullrich verlor 66 Sekunden auf Titelverteidiger Lance Armstrong. Dabei wollte »Ulle« den Amerikaner bei dessen letztem Tour-Start doch gleich von Anfang an in die Defensive drängen.

schwerer Schlag« urteilte Ullrich-Intimus Rudy Pevenage.

Armstrong zeigte sich dagegen hoch zufrieden. »Das ist ein super Start. Es ist nicht so entscheidend, dass ich Jan überholt habe, viel wichtiger ist, dass mir ein sehr gutes Rennen gelungen ist«, erklärte der sechsmalige Toursieger.

Zabriskie, drei Stunden vor Armstrong und Ullrich auf die Strecke gegangen, profitierte bei seiner Gala-vorstellung von besseren Wind-bedingungen. »Ich bin selbst etwas überrascht. Aber ich hatte Rücken-wind, das hat mir natürlich einen Vorteil verschafft«, sagte der 26-Jährige, der vor acht Wochen schon das Zeitfahren in Florenz beim Giro d'Italia gewonnen hatte.

Für ein positives Ergebnis aus Sicht von T-Mobile sorgte Ullrichs Teamkollege Alexander Winokurow. Der Kasache fuhr in 21:44 Minuten auf den dritten Platz und zeigte sich entsprechend zufrieden: »Es lief gut für mich, der Rückstand zur Spitze ist im Rahmen. Mir war vorher klar, dass ich auf die absoluten Spezialisten etwas verlieren werde«, so der Tour-Dritte von 2003.

Ein Moment der Demütigung: Die Nr. 1, Lance Armstrong, überholt nach 16 von 19 Kilometern den eine Minute vor ihm gestarteten Jan Ullrich. Gewonnen hat das Auftaktrennen US-Boy David Zabriskie (links).

Kämpfer Jens Voigt mit einem Spezialrad im Zeitfahren. Nach 19 Kilometern trennten ihn 1:04 Minuten auf Platz 8 von seinem Teamkollegen David Zabriskie.

Für das beste Ergebnis des deutschen T-Mobile-Teams sorgte der kasachische Meister Alexander Winokurow (rechts außen), während ein völlig ausgepumpter Jan Ullrich als 12. endete.

Ein starkes Rennen zeigte der Berliner Jens Voigt, der als bester Deutscher in 21:55 Minuten Achter wurde. »Dieses Ergebnis zeigt mir, dass meine Form sehr ansprechend ist. Wenn ich mich in den nächsten Tagen etwas zurückhalte, kann ich in der zweiten oder dritten Woche vielleicht auftrumpfen«, sagte der 33-Jährige.

Gut schlug sich »Kraftpaket« Michael Rich aus Emmendingen. Der dreimalige Zeitfahr-Vizeweltmeister vom Team Gerolsteiner fuhr in 22:04 Minuten auf Platz 15, war aber dennoch nicht zufrieden: »Ich hatte schon mit einem Platz auf dem Podium geliebäugelt und unterwegs auch ein gutes Gefühl, aber leider war ich nicht schnell genug. Das ist schon frustrierend«, erklärte der 35-Jährige.

≫ Tour-Info

1. Etappe Fromentine – Noirmoutier-en-L'île

Das 2000 Einwohner zählende Fromentine, Startort des Einzelzeitfahrens, und das Ziel in Noirmoutier-en-L'île (5000 Einwohner) sind erstmals Tour-Etappenorte. Der Urlaubsort Fromentine gilt als Tor zu den Atlantikinseln vor Frankreichs Küste. Das vom Fischfang und Segelsport geprägte Noirmoutier-Eiland unweit der Loire-Mündung ist in der Tour-Geschichte nicht unbekannt. 1999 war es auf der nur bei Ebbe befahrbaren Passage zu einem für den Rennausgang vorentscheidenden Massensturz gekommen.

≫ Tour-Tagebuch 1. Etappe: Samstag, 2. Juli – Einzelzeitfahren über 19 km von Fromentine nach Noirmoutier-en-L'Île

1. David Zabriskie (CSC) 20:51 min. (54,675 km/h)
2. Lance Armstrong (DSC) 0:02 Minuten zurück, 3. Alexander Winokurow (TMO) 0:53,
4. George Hincapie (DSC) 0:56, 5. Laszlo Bodrogi (C.A) 0:59, 6. Floyd Landis (PHO) 1:01,
7. Fabian Cancellara (FAS) 1:01, 8. Jens Voigt (CSC) 1:04, 9. Wladimir Karpets (IBA) 1:05,
10. Igor Gonzalez Galdeano (LSW) 1:06

11. Bobby Julich (CSC) 1:06, 12. Jan Ullrich (TMO) 1:08, 13. Jose Enrique Gutierrez (PHO) 1:12, 14. Levi Leipheimer (GST) 1:13, 15. Michael Rich (GST) 1:13, 16. Jose Luis Rubiera (DSC) 1:16, 17. Jaroslaw Popowitsch (DSC) 1:17, 18. Bradley McGee (FDJ) 1:24, 19. Marc Wauters (RAB) 1:24, 20. Ivan Basso (CSC) 1:26, 21. Sebastian Lang (GST) 1:27, ... 27. Bert Grabsch (PHO) 1:30, ... 38. Ronny Scholz (GST) 1:48, ... 51. Andreas Klöden (TMO) 2:00, ... 54. Beat Zberg (GST) 2:02, .. 64. Daniel Becke (IBA) 2:10, ... 74. Robert Förster (GST) 2:17, ... 83. Jörg Jaksche (LSW) 2:24, ... 85. Jörg Ludewig (DOM) 2:27, ... 88. Stephan Schreck (TMO) 2:29, 89. Tobias Steinhauser (TMO) 2:29, ... 95. Patrik Sinkewitz (QST) 2:30, ... 98. Giuseppe Guerini (TMO) 2:31, ... 103. Fabian Wegmann (GST) 2:32, ... 111. Georg Totschnig (GST) 2:37, ... 117. Daniele Nardello (TMO) 2:43, ... 125. Oscar Sevilla (TMO) 2:44, ... 151. Peter Wrolich (GST) 2:58, ... 168. Matthias Kessler (TMO) 3:09, ... 189. (Letzter) Leonardo Piepoli (SDV) 4:40 (alle 189 Starter im Ziel klassiert)

Punktwertung (Grünes Trikot): 1. Zabriskie 15 Punkte, 2. Armstrong 12, 3. Winokurow 10, 4. Hincapie 8, 5. Bodrogi 6, 6. Landis 5, 7. Cancellara 4, 8. Voigt 3, 9. Karpets 2, 10. Gonzalez Galdeano 1

Nachwuchswertung (Weißes Trikot): 1. Cancellara 21:53 Minuten, 2. Karpets 0:03 Minuten zurück, 3. Popowitsch, ... 15. Sinkewitz 1:29, 30. Wegmann 1:30

Mannschaftswertung: 1. Team CSC/Dänemark 1:04:44 Stunden, 2. Discovery/USA 0:04 Minuten zurück, 3. Phonak/Schweiz 0:33, 4. Team Gerolsteiner 1:42, 5. T-Mobile Team 1:51, 6. Fassa Bortolo/Italien 2:16, 7. Liberty Seguros/Spanien 2:31, ... 9. Illes Balears/Spanien 3:13, ... 11. Quick Step/Belgien 3:21, 12. Domina Vacanze/Italien 3:26, ... 21. (Letzter) Euskatel/Spanien 5:38

Komplette Starterliste Seite 110

Boonen nicht
»auf dem Zahnfleisch«

Die Tour hat einen neuen Sprintstar: Tom Boonen. Der Belgier, 24 Jahre alt, wurde nicht einmal durch höllische Zahnschmerzen aus dem Tritt gebracht. Zwei Zähne wurden aufgebohrt, alles ohne Betäubung aus Furcht vor einem drohenden positiven Befund bei der Dopingkontrolle. Jetzt beißt sich Boonen durch.

»Ein Geschenk Gottes«

Einige Tage lang plagte er sich mit Zahnschmerzen herum, dann bereitete er seinen Sprintrivalen Kopfzerbrechen. Die Rede ist von Tom Boonen, dem neuen Jungstar aus Belgien. Eine ohnehin schon sensationelle Saison mit Klassiker-Siegen bei der Flandern-Rundfahrt und Paris-Roubaix krönte der 24-Jährige mit Etappensiegen gleich zu Beginn der »Woche der Sprinter«.

Zwölf Saisonsiege hatte Boonen bereits vor dem Tour-Start auf dem Konto. Doch damit nicht genug. »Ich will das Grüne Trikot«, sagt Boonen: »Wenn nötig, fahre ich auch die Zwischensprints.« Dabei war sein Tour-Start lange ungewiss, wie der Quick-Step-Fahrer berichtet: »Bis Samstag hatte ich heftige Zahnschmerzen, dabei war unklar, welcher Zahn es überhaupt war. Glücklicherweise haben wir das in die Reihe bekommen.«

Gut für Boonen, gut für Belgien, denn lange hat die Radsport-verrückte Nation auf so einen Typen warten müssen. »Er ist ein Geschenk Gottes«, sagt der im vergangenen Jahr abgetretene Klassiker-Jäger Johan Museeuw. Für Eddy Merckx ist das 1,92 m große Kraftpaket ein »riesiges Talent«.

Nachdem Boonen 2002 beim Armstrong-Team US Postal in die Lehre gegangen war, kehrte er in seine Heimat zu Quick Step zurück. 2004 ging sein Stern richtig auf. Bei der Tour gewann er zwei Etappen, unter anderem den Prestigesprint auf den Champs Elysées. 2005 bewies der in Mol geborene Boonen mit seinen Siegen bei den schweren Frühjahrsklassikern, dass er über mehr als nur gute Sprintqualitäten verfügt.

Maßarbeit leistete die dänische CSC-Mannschaft um den Mann im Gelben Trikot bei der Verfolgungsjagd auf eine vierköpfige Ausreißergruppe (oben). Im Ziel aber strahlte ein anderer: der Belgier Tom Boonen (rechts).

Der »One-Man-Show« von Lance Armstrong folgte der kraftvolle Sprintsieg des belgischen Jungstars Tom Boonen und ein kleiner Prestige-Erfolg von Jan Ullrich. Auf dem zweiten Teilstück über 181,5 km von Challans nach Les Essarts wurde die »Woche der Sprinter« mit dem Triumph des 24 Jahre alten Quick-Step-Profis eingeleitet. Boonen verwies im Massensprint den Norweger Thor Hushovd und Robbie McEwen aus Australien auf die Plätze und unterstrich eindrucksvoll seine Ambitionen auf das Grüne Trikot.

Für Boonen war es der zwölfte Saisonsieg und der dritte Etappenerfolg bei der Tour de France.

»Diese Woche ist die einzige Chance für die Sprinter. Ich muss jede Chance nutzen«, sagte der Belgier. Dabei war ein Start des diesjährigen Gewinners der Flandern-Rundfahrt und von Paris-Roubaix kurzzeitig sogar fraglich. Heftige Zahnschmerzen hatten Boonen, der durch seinen Sieg auch das begehrte Grüne Trikot überstreifen durfte, fast zur Aufgabe gezwungen. »Das ist aber erledigt, nachdem ich beim Zahnarzt war«.

T-Mobile-Kapitän Jan Ullrich erreichte das Ziel auf dem 19. Platz. »Heute lief alles besser als im Auftakt-Zeitfahren. Da war ich wohl auch durch die Folgen des Sturzes noch etwas müde«, sagte Ullrich, der in

≫ Tour-Info

2. Etappe Challans – Les Essarts

Die zweite Vendée-Etappe von Challans nach Les Essarts führt zuerst an den Muschel- und Austernbänken der Atlantikküste entlang und später durch die windige Marschlandschaft. Hier hatten sich königstreue Bauern während der französischen Revolution blutige Schlachten mit den Aufständischen geliefert. Challans ist für seine Entenzucht und entsprechende Küchenspezialitäten bekannt, die 5000 Einwohner zählende Handwerkerstadt Les Essarts ist mit historischen Schlössern aus dem 16./17. Jahrhundert sowie den Überresten einer Abtei aus dem 11. Jahrhundert eine Touristenattraktion.

der ersten Hauptgruppe der besten 24 ankam und damit zunächst in den Ergebnislisten fünf Sekunden vor Lance Armstrong und allen weiteren Favoriten auf den Gesamtsieg geführt wurde. Eine Stunde später revidierte die Rennleitung diese Entscheidung und bewertete das Hauptfeld aufgrund eines Sturzes innerhalb der letzten drei Kilometer zeitgleich. Lange führte eine vierköpfige Spitzengruppe mit dem französischen Jungstar Thomas Voeckler das Feld an. Der letztjährige Träger des Gelben Trikots (10 Tage) sowie Laszlo Bodrogi, WM-Dritter im Zeitfahren von 2000, David Canada aus Spanien und der Franzose Sylvain Calzati fuhren zwischenzeitlich einen Vor-

sprung von über vier Minuten heraus. Unterwegs sicherte sich Voeckler mit einem Spurtsieg am ersten Berg der 4. Kategorie das gepunktete Spezialtrikot für den besten Bergfahrer.

Im Feld kontrollierte die CSC-Mannschaft um Spitzenreiter Zabriskie das Geschehen und drückte frühzeitig auf das Tempo. Dabei ließ sich auch immer wieder Jens Voigt an der Spitze blicken. Sechs Kilometer vor dem Ziel waren die Ausreißer schließlich gestellt, der Rest war Sache der Sprinter. »Ich musste heute richtig Tempo machen. Aber wir haben damit das Gelbe Trikot verteidigt. Das war ein schöner Tour-Auftakt«, sagte Voigt.

In voller Blütenpracht stehende Sonnenblumenfelder bieten zusammen mit den Rennfahrern im Hintergrund farbenfrohe Motive für die Fotografen.

Regel: Sturz im Finale

Wer auf dem letzten Kilometer stürzt, erhält die gleiche Zeit wie die Gruppe, der er angehörte; allerdings nur, wenn er noch das Ziel passiert hat.

Wird das Feld auf den letzten drei Kilometern durch einen Sturz auseinander gerissen, bekommen alle Fahrer aus den betroffenen Gruppen die gleiche Zeit.

≫ Tour-Tagebuch 2. Etappe: Sonntag, 3. Juli – Challans – Les Essarts (181,5 km)

1. Tom Boonen (QST) 3:51:31 Stunden (47,0 km/h), 2. Thor Hushovd (C.A), 3. Robbie McEwen (DVL), 4. Stuart O'Grady (COF), 5. Luciano Pagliarini (LIQ), 6. Juan Antonio Flecha (FAS), 7. Peter Wrolich (GST), 8. Jerome Pineau (BTL), 9. Baden Cooke (FDJ), 10. Allan Davis (LSW)

11. Manuel Quinziato (SDV), 12. Robert Hunter (PHO), 13. Inaki Isasi (EUS), 14. Jurj Kriwtsow (AG2), 15. Angelo Furlan (DOM), 16. Maxim Iglinskj (DOM), 17. Sebastien Hinault (C.A), 18. Anthony Geslin (BTL), 19. Jan Ullrich (TMO), 20. Fred Rodriguez (DVL), 21. McGee (FDJ), ... 28. Klöden (TMO), ... 32. Jose Enrique Gutierrez (PHO), ... 38. Basso (CSC), 39. Wegmann (GST), ... 46. Totschnig (GST), ... 49. Jaksche (LSW), 50. Förster (GST), ... 52. Rubiera (DSC), ... 54. Popowitsch (DSC), ... 56. Winokurow (TMO), 57. Hincapie (DSC), ... 61. Julich (CSC), ... 63. Armstrong (DSC), ... 71. Zabriskie (CSC), 72. Cancellara (FAS), ... 76. Sinkewitz (QST), ... 85. Ludewig (DOM), ... 87. Sevilla (TMO), ... 89. Lang (GST), 90. Voigt (CSC), ... 97. Kessler (TMO), 98. Steinhauser (TMO), ... 100. Nardello (TMO), ... 104. Grabsch (PHO), 105. Igor Gonzalez Galdeano (LSW), ... 107. Bodrogi (C.A), ... 113. Landis (PHO), ... 116. Scholz (GST), ... 139. Schreck (TMO), ... 142. Guerini (TMO), 143. Rich (GST), ... 156. Karpets (IBA), ... 169. Leipheimer (GST), ... 176. Becke (IBA), ... 182. Wauters (RAB), 183. Zberg (GST), 184. Piepoli (SDV) alle gleiche Zeit, ... 189. (Letzter) Wim Vansevenant (DVL) 0:47 Minuten zurück (alle 189 Starter im Ziel klassiert)

Gesamtwertung (Gelbes Trikot): 1. Zabriskie 4:12:22 Stunden, 2. Armstrong 0:02 Minuten zurück, 3. Bodrogi 0:47, 4. Winokurow 0:53, 5. Hincapie 0:57, 6. Landis 1:02, 7. Cancellara 1:02, 8. Voigt 1:04, 9. Karpets 1:05, 10. Gonzalez Galdeano 1:06, 11. Julich 1:07, 12. Ullrich 1:08, 13. Gutierrez 1:12, 14. Leipheimer 1:13, 15. Rich 1:13, 16. Rubiera 1:16, 17. Popowitsch 1:18, 18. Hunter 1:24, 19. McGee gleiche Zeit, 20. Wauters 1:25, 21. Basso 1:26,

22. Lang 1:27, ... 24. Boonen 1:29, ... 28. Grabsch 1:31, ... 39. Scholz 1:48, ... 42. O'Grady 1:50, ... 44. Flecha 1:51, ... 51. Klöden 2:01, ... 54. Zberg 2:02, ... 64. Becke 2:11, ... 70. McEwen 2:13, ... 75. Förster 2:17, ... 83. Jaksche 2:24, ... 85. Ludewig 2:28, 86. Wegmann 2:28, ... 89. Schreck 2:29, 90. Steinhauser gleiche Zeit, ... 96. Sinkewitz 2:31, ... 99. Guerini gleiche Zeit, ... 110. Totschnig 2:37, ... 116. Nardello 2:43, 117. Pagliarini gleiche Zeit, ... 124. Davis 2:44, 125. Sevilla gleiche Zeit, 126. Pineau 2:45, ... 130. Hushovd 2:46, ... 151. Wrolich 2:58, ... 165. Kessler 3:09, ... 181. Vansevenant 3:36, 182. Cooke 3:36, ... 189. (Letzter) Piepoli 4:40

Punktwertung (Grünes Trikot): 1. Boonen 35 Punkte, 2. Hushovd 30, 3. McEwen 26, 4. O'Grady 24, 5. Pagliarini 22, 6. Hunter 20, 7. Flecha 20, 8. Wrolich 19, 9. Bodrogi 18, 10. Pineau 18, ... 16. Armstrong 12, ... 19.. Winokurow 10, ... 24. Ullrich 7, ... 31. Wegmann 4, ... 33. Voigt 3

Bergwertung (Gepunktetes Trikot): 1. Thomas Voeckler (BTL) 3 Punkte, 2. David Canada (SDV) 2, 3. Sylvain Calzati (AG2) 1

Nachwuchswertung (Weißes Trikot): 1. Cancellara 4:13:24 Stunden, 2. Karpets 0:03 Minuten zurück, 3. Popowitsch 0:16, ... 15. Sinkewitz 1:26, 16. Wegmann 1:29

Mannschaftswertung: 1. Team CSC/Dänemark 12:39:17 Stunden, 2. Discovery/USA 0:04 Minuten zurück, 3. Phonak/Schweiz 0:33, 4. Team Gerolsteiner 1:42, 5. T-Mobile Team 1:51, 6. Fassa Bortolo/Italien 2:16, 7. Liberty Seguros/Spanien 2:31, ... 9. Illes Balears/Spanien 3:13, ... 11. Quick Step/Belgien 3:21, 12. Domina Vacanze/Italien 3:26, ... 21. (Letzter) Euskatel/Spanien 5:38

Komplette Starterliste Seite 110

Alles im »grünen Bereich« beim Sprint-Rodeo

Massensprints am Ende langer Tour-Etappen werden mit Haken und Ösen gefahren. Zuerst sucht jeder das Hinterrad des vermutlich Stärksten, dann lassen sich die Helfer zurückfallen und mit Spitzengeschwindigkeiten von um die 70 km/h geht es auf die letzten Meter, »Körperkontakt« nicht ausgeschlossen.

Doppelpack durch Tom Boonen, Achtungserfolg für das Team Gerolsteiner, Denkzettel für »Rüpel« Robbie McEwen: Die dritte Etappe bot ein Sprintfinale in Wild-West-Manier. Während der Österreicher Peter Wrolich als Zweiter hinter Boonen den ersten Tour-Etappensieg des Rennstalls aus der Eifel nur knapp verpasste, wurde der Australier McEwen seinem Ruf als Rowdy wieder einmal gerecht. Wegen einer handfesten Rangelei im Schlussspurt, bei der er seinem Landsmann Stuart O'Grady einen Kopfstoß versetzte, wurde der fünfmalige Etappensieger von Rang drei ans Ende des Klassements zurückgestuft. »Jetzt weiß ich endlich, was die Sprintspezialisten leisten. Boonen war für mich nicht zu schlagen, dafür bin ich nicht schnell genug«, erklärte Wrolich, der seine beste Platzierung bei einer Tour-Etappe erreichte.

Ganz in grün gekleidet gewinnt Tom Boonen auch die zweite Etappe. Hinter ihm entbrennt ein Gedränge um die nächsten Plätze. Bernhard Eisel (4.), Peter Wrolich (2.), Robert Förster (7.) Robbie McEwen (3., später ans Feldende gesetzt), Stuart O'Grady (4.) und Allan Davis (5.) werden nach Fotofinish platziert.

≫ Tour-Info

3. Etappe La Chataigneraie – Tours

Der alte Handelsstützpunkt La Chataigneraie, dessen Ursprünge auf das 11. Jahrhundert zurückgehen, erlebt erstmals die Tour-Karawane, die Industrie-Großstadt Tours ist zum siebten Mal Etappenort. Dazwischen passiert der Tour-Tross geschichtsträchtiges Terrain. Hier tobte der Hundertjährige Krieg (1337 bis 1453) zwischen Frankreich und England besonders heftig. In Chinon, das bei km 157,5 passiert wird, soll Englands legendärer König Richard Löwenherz im Kampf um die dortige Festung 1199 gestorben sein.

Rubens Bertogliati, Erik Dekker und Nicolas Portal (von links) bestimmten 183 Kilometer lang das Geschehen der 3. Etappe, ehe sie 2000 Meter vor dem Ziel eingeholt wurden.

Während Tom Boonen den Etappensieg vor Augen hat, streiten Robbie McEwen und Stuart O'Grady »hautnah« um die nächsten Plätze (rechte Seite).

Nicht ganz zufrieden war sein Gerolsteiner Team-kollege Robert Förster (Markkleeburg), der als bester Deutscher Sechster wurde: »Ich bin schon etwas enttäuscht. Meine Beine waren gut, aber ich habe leider keine Lücke gefunden.«

Mit Gewalt versuchte es dagegen McEwen – ohne Erfolg. »Da sich das Ganze hinter mir abgespielt hat, habe ich es nicht sehen können. Schade für Robbie, dass er zurückgestuft wurde«, sagte Boonen, der nach dem Gewinn der zweiten Etappe auch nach 212,5 km zwischen La Chataigneraie und Tours triumphierte und die Führung in der Punktwertung um das Grüne Trikot ausbaute. »Ein Sieg in Tours ist ebenso wie Paris und Bordeaux für uns Sprinter etwas Besonderes.«

Maßarbeit

Während die Sprinterteams bei der Jagd nach einem 2 km vor dem Ziel eingefangenen Ausreißer-Trio Maßarbeit leisteten, hielten sich die Mannschaften der Gesamtklassementfahrer um Lance Armstrong (Discovery) und Jan Ullrich (T-Mobile) vor dem Kräfte-messen beim Mannschaftszeitfahren zurück. »Die Etappe verlief super, ich konnte gut mitrollen und fühle mich jeden Tag besser«, erklärte Ullrich. Das Gelbe Trikot verteidigte Auftaktsieger David Zabriskie (USA) vom CSC-Team mit zwei Sekunden Vorsprung vor Armstrong erfolgreich.

Das Flucht-Trio mit dem viermaligen Etappensieger Erik Dekker (Niederlande), dem erst einen Tag vor dem Start nachnominierten Schweizer Rubens Berto-gliati und dem Franzosen Nicolas Portal erwehrte sich bis kurz vor der Zielgeraden der Jagd des Feldes, ehe die Verfolger »vorbeiflogen«. Bei Kilometer 27 hatten sie sich vom Feld abgesetzt und ihren Vorsprung auf maximal 5:30 Minuten ausgebaut. Dekker, im vergangenen Jahr an gleicher Stelle beim Herbstklassiker Paris–Tours erfolgreich, konnte durch zwei gewonnene Bergpreise immerhin das rot-gepunktete Trikot des Bergbesten erobern.

Den Kampf um die Bergwertung nahm auch der Freiburger Fabian Wegmann vom Team Gerolsteiner auf. Der 25-Jährige gewann den ersten von drei Bergsprints (Kategorie 4) des Tages und sammelte drei Zähler für die Sonderwertung. Seine Qualitäten als Kletterer hatte Wegmann im vergangenen Jahr unter Beweis gestellt, als er das Bergtrikot beim Giro d'Italia holte.

Besondere Erwähnung im täglichen Bulletin der Jury erfuhr Lance Armstrong. Der Texaner musste 100 Schweizer Franken (umgerechnet rund 65 Euro) zahlen, weil er sich vor dem Start nicht rechtzeitig in die Kontrolllisten einschrieb.

> ## Tour-Tagebuch 3. Etappe: Montag, 4. Juli –
> ### La Chataigneraie – Tours (212,5 km)

1. Tom Boonen (QST) 4:36:09 Stunden (46,2 km/h)
2. Peter Wrolich (GST), 3. Stuart O'Grady (COF), 4. Bernhard Eisel (FDJ), 5. Allan Davis (LSW), 6. Robert Förster (GST), 7. Magnus Backstedt (LIQ), 8. Anthony Geslin (BTL), 9. Thor Hushovd (C.A), 10. Angelo Furlan (DOM)
11. Isaac Galvez (IBA), 12. Guido Trenti (QST), 13. Gianluca Bortolami (LAM), 14. Luciano Pagliarini (LIQ), 15. Daniel Becke (IBA), 16. Manuel Quinziato (SDV), 17. Juan Antonio Flecha (FAS), 18. Gerrit Glomser (LAM), 19. Fred Rodriguez (DVL), 20. Sebastian Lang (GST), ... 28. Robert Hunter (PHO), ... 33. Andreas Klöden (TMO), 34. Jan Ullrich (TMO), ... 48. Jose Enrique Gutierrez (PHO), 49. Jens Voigt (CSC), 50. Laszlo Bodrogi (C.A), 51. Jörg Ludewig (DOM), ... 56. David Zabriskie (CSC), ... 58. Bert Grabsch (PHO), 59. Bobby Julich (CSC), 60. Bradley McGee (FDJ), ... 62. Alexander Winokurow (TMO), ... 71. Matthias Kessler (TMO), 73. Patrik Sinkewitz (QST), 74. Georg Totschnig (GST), ... 78. Ivan Basso (CSC), ... 82. Jaroslaw Popowitsch (DSC), ... 84. Oscar Sevilla (TMO), ... 87. Lance Armstrong (DSC), ... 89. George Hincapie (DSC), ... 94. Fabian Cancellara (FAS), ... 111. Jose Luis Rubiera (DSC), ... 115. Igor Gonzalez Galdeano (LSW), ... 118. Ronny Scholz (GST), 119. Fabian Wegmann (GST), ... 131. Floyd Landis (PHO), 132. Jörg Jaksche (LSW), ... 134. Michael Rich (GST), ... 147. Stephan Schreck (TMO), ... 154. Daniele Nardello (TMO), 155. Tobias Steinhauser (TMO), 156. Giuseppe Guerini (TMO), ... 163. Wladimir Karpets (IBA), ... 174. Levi Leipheimer (GST), ... 178. Beat Zberg (GST), ... 183. Leonardo Piepoli (SDV), ... 186. Robbie McEwen (DVL) alle gleiche Zeit, ... 189. Constantino Zaballa (SDV) 1:38 Minuten zurück. – McEwen wegen Behinderung vom 3. auf den 186. Platz distanziert (alle 189 Starter im Ziel klassiert)

Gesamtwertung (Gelbes Trikot): 1. Zabriskie 8:48:31 Stunden, 2. Armstrong 0:02 Minuten zurück, 3. Bodrogi 0:47, 4. Winokurow 0:53, 5. Hincapie 0:57, 6. Landis 1:02, 7. Cancellara 1:02, 8. Voigt 1:04, 9. Karpets 1:05, 10. Gonzalez de Galdeano 1:06, 11. Julich 1:07, 12. Ullrich 1:08, 13. Boonen 1:09, 14. Gutierrez 1:12, 15. Leipheimer 1:13, 16. Rich 1:13, 17. Rubiera 1:16, 18. Popowitsch 1:18, 19. Hunter 1:24, 20. McGee gleiche Zeit, ... 22. Basso 1:26, 23. Lang 1:27, ... 28. Grabsch 1:31, ... 37. O'Grady 1:42, ... 40. Scholz 1:48, ... 52. Klöden 2:01, ... 55. Zberg 2:02, ... 58. Backstedt 2:05, ... 64. Eisel 2:08, ... 66. Becke 2:11, ... 71. McEwen 2:13, ... 75. Förster 2:17, ... 82. Jaksche 2:24, ... 84. Ludewig 2:28, 85. Wegmann gleiche Zeit, ... 88. Schreck 2:29, 89. Steinhauser gleiche Zeit, ... 95. Sinkewitz 2:31, ... 98. Guerini gleiche Zeit, ... 109. Totschnig 2:37, ... 115. Furlan 2:42, ... 117. Nardello 2:43, ... 120. Geslin 2:44, ... 125. Davis, 126. Sevilla beide gleiche Zeit, ... 129. Wrolich 2:46, ... 132. Hushovd gleiche Zeit, ... 164. Kessler 3:09, ... 188. Zaballa 4:33, 189. (Letzter) Piepoli 4:40

Punktwertung (Grünes Trikot): 1. Boonen 70 Punkte, 2. O'Grady 50, 3. Wrolich 49, 4. Hushovd 47, 5. Davis 38, 6. Pagliarini 34, 7. Flecha 29, 8. Furlan 27, 9. McEwen 26, 10. Geslin 26, ... 14. Förster 20, ... 20. Zabriskie 15, ... 27. Armstrong 12, ... 29. Becke 12, ... 31. Winokurow 10, ... 36. Ullrich 7, 37. Lang 6, ... 45. Wegmann 4, ... 47. Voigt 3

Bergwertung (Rot-Gepunktetes Trikot): 1. Dekker 6 Punkte, 2. Voeckler 5, 3. Bertogliati 3, 4. Wegmann 3, 5. Canada 2, 6. Portal 2

Nachwuchsfahrer (Weißes Trikot): 1. Cancellara 8:49:33 Stunden, 2. Karpets 0:03 Minuten zurück, 3. Boonen 0:07, 4. Popowitsch 0:16, 5. Sanchez 0:37, 6. Griwko 0:44, ... 14. Wegmann 1:26, 15. Sinkewitz 1:29

Mannschaftswertung: 1. Team CSC/Dänemark 26:27:44 Stunden, 2. Discovery/USA 0:04 Minuten zurück, 3. Phonak/Schweiz 1:33, 4. Team Gerolsteiner/Deutschland 1:42, 5. T-Mobile Team/Deutschland 1:51, 6. Fassa Bortolo/Italien 2:16, 7. Liberty Seguros/Spanien 2:31, ... 9. Illes Balears/Spanien 3:13, ... 11. Quick Step/Belgien 3:21, 12. Domina Vacanze/Italien 3:26, ... 21. (Letzter) Euskatel/Spanien 5:38

Kämpfer des Tages: Erik Dekker

Komplette Starterliste Seite 110

»Gelb« im Sturz verloren – Armstrong wieder Patron

Über eine Stunde »am Anschlag« fahren, immer bedacht, den Windschatten des Vordermannes auszunutzen – das ist Teamzeitfahren bei der Tour. Der Armstrong-Express war knapp schneller als der CSC-Zug. Der Mann im Gelben Trikot, David Zabriskie, stürzte kurz vor dem Ziel, nahm das Rennen mit einem neuen Rad aber wieder auf (rechts unten).

Die Berge flößen Respekt ein, die Massensprints am Schluss vieler Flachetappen lassen das Adrenalin steigen, doch die Angst des Radprofis bei der Tour hat einen anderen Namen: Mannschaftszeitfahren. »Da hat wirklich jeder die Hosen voll«, fasst Tobias Steinhauser kurz und knapp zusammen, was viele denken.

Erst ein Küsschen von Freundin Sheryl Crow, dann die Glückwünsche von den Teamkollegen und schließlich auf dem Podium zum 67. Mal das Gelbe Trikot: »Patron« Lance Armstrong hat nach dem Sieg im Mannschaftszeitfahren mit dem Team Discovery Channel in gewohnter Manier das Kommando übernommen und seinem großen Rivalen Jan Ullrich noch einmal 30 Sekunden abgenommen.

Allerdings war für den sechsmaligen Toursieger auf der vierten Etappe über 67,5 km von Tours nach Blois der Weg ins Gelbe Trikot erst frei, als der bisherige Spitzenreiter David Zabriskie zwei Kilometer vor dem Ziel in die Balustraden krachte und mit zerrissener Hose einige Zeit später ins Ziel trudelte.

»Das ist Riesenpech und es tut mir sehr leid für Dave. Das Mannschaftszeitfahren ist immer hart. Wenn man in die letzten Kurven des Stadtkurses kommt, kann immer noch viel passieren«, meinte Armstrong und zeigte Mitgefühl für seinen früheren Teamkollegen, der über Schmerzen am Knie und die üblichen Hautabschürfungen klagte.

≫ Tour-Info

4. Etappe Tours – Blois

Tours, Verwaltungssitz des Departments Indre-et-Loire, von wo aus Karl Martell (»Hammer«) 732 den Arabersturm auf Mitteleuropa abwehrte und den Aufstieg der karolingischen Dynastie unter Karl dem Großen vorbereitete, war vor 50 Jahren zum ersten Mal Tour-Etappenort. Blois, geschichtlich erstmals im 6. Jahrhundert erwähnte heutige Hauptstadt des Departements Loir-et-Cher, gehört seit 1971 zum Kreis der Etappenorte. Die Strecke des Teamzeitfahrens führt an einigen der schönsten Schlösser der Loire vorbei.

Ohne Sturz, aber mit einem »blauen Auge« kam bei der Gala-Vorstellung der amerikanischen Mannschaft das T-Mobile-Team davon. Mit 35 Sekunden Rückstand wurde der Bonner Radrennstall Dritter, profitierte aber vom abgeschwächten Reglement, nach dem die sechs zeitgleich ins Ziel gekommenen Fahrer in der Gesamtwertung nur 30 Sekunden auf Armstrong & Co. verloren. Kapitän Ullrich sprach von einer »starken Leistung« und Mario Kummer resümierte zufrieden: »Das Rennen ist als Erfolg zu werten. Dieser dritte Platz bringt etwas für die Moral.« In der Tat blieb die befürchtete Pleite beim zweiten Kräftemessen aus. Lange Zeit lagen T-Mobile und Discovery Channel sogar gleich auf. Allerdings rückt das »Unternehmen Toursieg« angesichts der Dominanz von Armstrong in immer weitere Ferne. Ullrich hat vor den Bergetappen 1:36 Minuten Rückstand, Teamkollege Alexander Winokurow 1:21.

Dritter in der Gesamtwertung ist CSC-Profi Jens Voigt, wenngleich sich der Berliner nach dem Rennen überhaupt nicht freuen konnte. So verlor das Dänen-Team nicht nur seinen Leader, sondern mit einem knappen Rückstand von zwei Sekunden auch den Tagessieg an Discovery Channel. »Ich bin enttäuscht, so zu verlieren. Wir sind immer vorne gelegen und haben dann durch eine Unachtsamkeit verloren«, haderte Voigt, sagte aber zugleich Armstrong den Kampf an: »Jetzt werden wir einen Kamikaze-Lauf starten und wieder angreifen.« Das Team Gerolsteiner hatte in dem von vielen ungeliebten Teamzeitfahren auf dem achten Platz (2:10 Minuten zurück) nichts mit dem Ausgang des Rennens zu tun. Für Teamleiter Hans-Michael Holczer war die »Top-10«-Platzierung seiner Mannschaft dennoch ein Erfolg.

Andere Teams blieben hinter den Erwartungen zurück. Liberty Seguros um Roberto Heras verlor 53 Sekunden, Phonak und Floyd Landis waren gar 1:31 Minuten schlechter. Ganz zu schweigen von Euskaltel Euskadi, das mit Iban Mayo fast vier Minuten zurück Rang 16 belegte.

Die T-Mobile-Mannschaft schlug sich im Kampf gegen die Uhr überraschend gut und belegte Platz drei. Das wusste auch Lance Armstrong bei der Siegerehrung und signalisiert seinen Kollegen das Ergebnis des deutschen Teams (rechts). Der Parcours des Teamzeitfahrens zwischen Tours und Blois war über 40 Kilometer überwiegend flach und nur auf den letzten 20 leicht hügelig.

Team Armstrong vs. Team Ullrich 5:0

Klar mit 5:0 führt Lance Armstrong die Statistik beim Mannschaftszeitfahren gegen Jan Ullrich an. Dabei betrug der Rückstand des Deutschen zwischen 24 Sekunden und 1:19 Minuten.

2000 US Postal (2.)
Telekom (3.) 0:40 Minuten Rückstand nach 70 km
2001 US Postal (4.)
Telekom (7.) 0:24 Minuten Rückstand nach 67 km
2002 war Jan Ullrich nicht am Start.
2003 US Postal (1.)
Bianchi (3.) 0:47 Minuten Rückstand nach 69 km
2004 US Postal (1.)
T-Mobile (4.) 1:19 Minuten Rückstand nach 64,5 km
2005 Discovery Channel (1.)
T-Mobile (3.) 0:35 Minuten Rückstand nach 67,5 km

Neuer Team-Rekord

Der Discovery-Channel-Express um Titelverteidiger Lance Armstrong hat beim Sieg im Mannschaftszeitfahren eine neue Rekordmarke aufgestellt. Beim Sieg nach 67,5 km und 1:10:39 Stunden in Blois hatten die Profis des US-Teams einen Schnitt von 57,32 km/h erreicht. Die bisherige Bestmarke des italienischen Gewiss-Teams mit einem Durchschnittstempo von 54,93 km/h stammte aus dem Jahr 1995.

Die schnellsten Teamzeitfahren der Tour:

57,32 km/h:	Discovery Channel (USA)	2005 Tours-Blois (67,5 km)
54,93 km/h:	Gewiss (Italien)	1995 Mayenne-Alencon (67 km)
54,61 km/h:	Carrera (Italien)	1987 Berlin (40,5 km)
52,91 km/h:	Ariostea (Italien)	1991 Bron-Chassieu (36,5 km)
52,04 km/h:	Panasonic (Niederlande)	1992 Libourne (63,5 km)

≫ Tour-Tagebuch 4. Etappe: Dienstag, 5. Juli – Mannschaftszeitfahren über 67,5 km von Tours nach Blois

Zeitmesspunkte bei	67,5 km	*	61,5 km	45,8 km	25 km
1. Discovery Channel/USA	1:10:39		0:02 (2.)	0:06 (2.)	0:15 (3.)
2. Team CSC/Dänemark	0:02	0:02	1:05:10 (1.)	47:08 (1.)	25:36 (1.)
3. Team T-Mobile/Deutschland	0:35	0:30	0:26 (3.)	0:07 (3.)	0:15 (3.)
4. Liberty Seguros/Spanien	0:53	0:40	0:46 (4.)	0:20 (4.)	0:06 (2.)
5. Phonak/Schweiz	1:31	0:50	1:17 (5.)	0:49 (5.)	0:39 (7.)
6. Credit Agricole/Frankreich	1:41	1:00	1:32 (6.)	0:59 (6.)	0:33 (5.)
7. Illes Balears/Spanien	2:05	1:10	1:49 (7.)	1:18 (8.)	0:51 (8.)
8. Team Gerolsteiner/Deutschland	2:05	1:20	1:54 (8.)	1:18 (8.)	0:58 (11.)
9. Fassa Bortolo/Italien	2:19	1:30	2:07 (10.)	1:23 (10.)	0:56 (10.)
10. Liquigas-Bianchi/Italien	2:26	1:40	2:03 (9.)	1:12 (7.)	0:37 (6.)
11. Davitamon-Lotto/Belgien	2:32	1:50	2:18 (11.)	1:33 (11.)	1:00 (12.)
12. Rabobank/Niederlande	2:48	2:00	2:30 (12.)	1:45 (13.)	1:09 (13.)
13. Domina Vacanze/Italien	3:04	2:10	2:43 (13.)	1:33 (11.)	0:55 (9.)
14. Quick Step/Belgien	3:05	2:20	2:56 (15.)	2:08 (15.)	1:23 (16.)
15. Bouygues Telecom/Frankreich	3:08	2:30	2:54 (14.)	2:02 (14.)	1:15 (15.)
16. Euskaltel/Spanien	3:59	2:35	3:31 (16.)	2:18 (16.)	1:11 (14.)
17. Lampre/Italien	4:09	2:40	3:55 (17.)	2:50 (17.)	1:28 (17.)
18. Cofidis/Frankreich	4:28	2:45	4:09 (18.)	2:56 (18.)	1:35 (18.)
19. Française des Jeux/Frankreich	4:46	2:50	4:30 (19.)	3:23 (19.)	1:52 (19.)
20. Saunier Duval/Spanien	5:06	2:55	4:40 (20.)	3:34 (20.)	2:04 (21.)
21. AG2R/Frankreich	5:23	3:00	5:05 (21.)	3:39 (21.)	1:58 (20.)

* Rückstand nach Tour-Reglement für die zeitgleich ins Ziel gekommenen Fahrer einer Mannschaft

Gesamtwertung (Gelbes Trikot): 1. Armstrong (DSC) 9:59:12 Stunden, 2. Hincapie (DSC) 0:55 Minuten zurück, 3. Voigt (CSC) 1:04, 4. Julich (CSC) 1:07, 5. Rubiera (DSC) 1:14, 6. Popowitsch (DSC) 1:16, 7. Winokurow (TMO) 1:21, 8. Noval (DSC) 1:26, 9. Zabriskie (CSC) 1:26, 10. Basso (CSC)

1:26, 11. Arvesen (CSC) 1:32, 12. Padrnos (DSC) 1:32, 13. Savoldelli (DSC) 1:33, 14. Ullrich (TMO) 1:36, 15. Sastre (CSC) 1:36, 16. Azevedo (DSC) 1:37, 17. Roberts (CSC) 1:38, 18. Gonzalez Galdeano (LSW) 1:44, 19. Bodrogi (C.A) 1:45, 20. Landis (PHO) 1:50, ... 28. Leipheimer (GST) 2:21, 29. Rich (GST) 2:21, 30. Klöden (TMO) 2:29, ... 36. Scholz (GST) 2:56, ... 38. Guerini (TMO) 2:59, ... 40. Jaksche (LSW) 3:02, ... 42. Sevilla (TMO) 3:12, ... 56. Lang (GST) 3:32, 57. Wegmann (GST) 3:36, 58. Kessler (TMO) 3:37, ... 62. Totschnig (GST) 3:45, ... 74. Zberg (GST) 4:07, ... 88. Schreck (TMO) 4:28, ... 90. Ludewig (DOM) 4:36, ... 93. Nardello (TMO) 4:42, ... 97. Sinkewitz (GST) 4:49, ... 157. Bert Grabsch (PHO) 6:00, ... 172. Becke (IBA) 7:55, 173. Wrolich (GST) gleiche Zeit, .. 179. Steinhauser (TMO) 9:44, ... 186. Förster (GST) 11:08, ... 189. (Letzter) Flores (EUS) 12:26

Punktwertung (Grünes Trikot): 1. Boonen 70 Punkte, 2. O'Grady 50, 3. Wrolich 49, 4. Hushovd 47, 5. Davis 38, 6. Pagliarini 34, 7. Flecha 29, 8. Furlan 27, 9. McEwen 26, 10. Geslin 26, ... 14. Förster 20, ... 20. Zabriskie 15, ... 27. Armstrong 12, ... 29. Becke 11, ... 31. Winokurow 10, ... 36. Ullrich 7, 37. Lang 6, ... 45. Wegmann 4, ... 47. Voigt 3

Bergwertung (Rot-Gepunktetes Trikot): 1. Dekker 6 Punkte, 2. Voeckler 5, 3. Bertogliati 4, 4. Wegmann 3, 5. Canada 2, 6. Portal 2

Nachwuchsfahrer (Weißes Trikot): 1. Popowitsch 10:00:28 Stunden, 2. Karpets 0:57 Minuten zurück, 3. Sanchez 1:01, 4. Cancellara 1:14, 5. Contador 1:19, 6. Kaschetschkin 1:54, 11. Wegmann 2:30, ... 17. Sinkewitz 3:33

Mannschaftswertung: 1. Team CSC/Dänemark 27:38:25 Stunden, 2. Discovery/USA 0:02 Minuten zurück, 3. Team T-Mobile/Deutschland 2:42, 4. Phonak/Schweiz 3:02, 5. Liberty Seguros/Spanien 3:22, 6. Team Gerolsteiner/Deutschland 3:45, ... 9. Illes Balears/Spanien 5:16, ... 12. Quick Step/Belgien 6:21, 13. Domina Vacanze/Italien 6:28, ... 21. (Letzter) AG2R/Frankreich 10:12

Komplette Starterliste Seite 110

McEwens Kängurusprung – »Showman« meldet sich zurück

180 Kilometer Anlauf für einen Spurt, in dem es auf Explosivität, Tritt-schnelligkeit und ein gutes Auge für den richtigen Moment an-kommt. In der »Woche der Sprinter« sind die Spezialisten gefragt. Nach Tom Boonens Doppelschlag war Robbie McEwen dran. Schöner Ausgleich für seine Distanzierung in Tours.

Auf der leicht ansteigenden Zielgeraden in Montargis gab Robbie McEwen dem Mann in Grün, Tom Boonen, das Nachsehen. McEwen kam erst im letzten Moment aus dem Windschatten und hatte die größeren Reserven.

>> **Tour-Info**

5. Etappe Chambord – Montargis

Der nur 204 Einwohner zählende Startort Chambord ist Touristen aus aller Welt bekannt. Das größte Schloss der Loire-Region ist die Attraktion des kleinen Ortes. Der 1519 von König Franz I. in Auftrag gegebene Bau wurde später von Louis XIV. zu einem der schönsten Renaissance-Schlösser ausgebaut. Durch die Plateaulandschaft am südlichen Rand des Pariser Beckens geht es nach Montargis, dessen Einnahmequellen im Tourismus sowie der Kunststoff- und Autozubehör-Herstellung liegen.

Trikottausch

Das Gelbe, Grüne, Rot-Gepunktete und Weiße Trikot im Rennen zu tragen, ist für die Führenden in den einzelnen Wertungen Pflicht. Ebenso müssen die Landesmeister bei der Tour in ihren Meistertrikots statt dem Mannschaftstrikot fahren. Zuwiderhandlungen werden von der Jury mit Geldstrafen geahndet.

Der Gesamtführende Lance Armstrong sorgte mit einem Trikottausch zu Beginn des fünften Tagesabschnitts kurzzeitig für Aufsehen. Er startete nämlich in Chambord im Dress seines Discovery-Rennstalls und nicht im tags zuvor eroberten Gelben Trikot. Erst am Ende der neutralisierten Fahrt heraus aus der Stadt stoppte das Feld, damit Armstrong das Leader-Jersey überstreifen konnte. Er fände es nicht korrekt, das von seinem Landsmann David Zabriskie nur durch einen Sturz im Teamzeitfahren verlorene Gelbe Trikot zu tragen, begründete der US-Amerikaner seine Aktion.

Ohne Showeinlage kam Robbie McEwen auch diesmal nicht aus. Kaum hatte sich der Australier den Sieg auf der fünften Etappe in Montargis gesichert, richtete er sich auf, streckte seine Brust heraus und zeigte mit den Fingern auf sich, als wolle er sagen: seht her, ich bin zurück! Hatte sich der 33-Jährige zwei Tage zuvor noch in undiszipliniertem Gerangel im Zielspurt aufgerieben, nutzte er seine Kraft diesmal für den Sprinterfolg auf der leicht ansteigenden Zielgeraden über Rivale Tom Boonen und dessen Siegerpose beim Fotofinish. »Die Geschichte von Tours hat mich noch mal sehr motiviert. Ich fühle mich super und hoffe, dass es weiter so läuft«, erklärte McEwen. Nach zwei Niederlagen gegen Boonen und der Deklassierung wegen Unsportlichkeit durch die Jury war der Profi

≫ Tour-Tagebuch 5. Etappe: Mittwoch, 6. Juli – Chambord – Montargis (183 km)

1. Robbie McEwen (DVL) 3:46:00 Stunden (48,6 km/h)
2. Tom Boonen (QST), 3. Thor Hushovd (C.A), 4. Stuart O'Grady (COF),
5. Angelo Furlan (DOM), 6. Allan Davis (LSW), 7. Bernhard Eisel (FDJ),
8. Baden Cooke (FDJ), 9. Jens Voigt (CSC), 10. Robert Förster (GST)

11. Jean-Patrick Nazon (A2R), 12. Daniele Righi (LAM), 13. Maxim Iglinskj (DOM), 14. Laurent Brochard (BTL), 15. Peter Wrolich (GST), 16. Daniel Becke (IBA), 17. David Loosli (LAM), 18. Oscar Pereiro (PHO), 19. Jerome Pineau (BTL), 20. Massimo Giunti (FAS), ... 26. Andreas Klöden (TMO), ... 30. Jan Ullrich (TMO), ... 32. Arvesen (CSC), ... 35. Alexander Winokurow (TMO), ... 41. Jaroslaw Popowitsch (DSC), ... 43. Oscar Sevilla (TMO), 44. Bert Grabsch (PHO), 45. Lance Armstrong (DSC), ... 48. George Hincapie (DSC), ... 52. Georg Totschnig (GST), 62. Patrik Sinkewitz (QST), ... 64. Igor Gonzalez Galdeano (LSW), ... 72. Laszlo Bodrogi (C.A), ... 75. Benjamin Noval (DSC), 76. Paolo Savoldelli (DSC), 77. Bobby Julich (CSC), ... 82. Fabian Wegmann (GST), ... 87. Carlos Sastre (CSC), 88. Jose Luis Rubiera (DSC), ... 90. Sebastian Lang (GST), 91. Jörg Jaksche (LSW), ... 93. Erik Dekker (RAB), ... 95. Daniele Nardello (TMO), ... 97. Jose Azevedo (DSC), ... 100. Levi Leipheimer (GST), ... 103. Luke Roberts (CSC), ... 105. Floyd Landis (PHO), ... 107. Ivan Basso (CSC), ... 115. Jörg Ludewig (DOM), ... 130. Pavel Padrnos (DSC), 131. Michael Rich (GST), ... 139. Ronny Scholz (GST), ... 141. Matthias Kessler (TMO), 142. Tobias Steinhauser (TMO), ... 146. Stephan Schreck (TMO), 147. Giuseppe Guerini (TMO), ... 173. Beat Zberg (GST), ... 176. David Zabriskie (CSC) alle gleiche Zeit, ... 188. (Letzter) Janek Tombak (COF) 2:21 Minuten zurück. – Aufgegeben: Constantino Zaballa (SDV) (188 von 189 Startern im Ziel klassiert)

Gesamtwertung (Gelbes Trikot): 1. Armstrong 13:45:12 Stunden, 2. Hincapie 0:55 Minuten zurück, 3. Voigt 1:04, 4. Julich 1:07, 5. Rubiera 1:14, 6. Popowitsch 1:16, 7. Winokurow 1:21, 8. Noval 1:26, 9. Zabriskie 1:26, 10. Basso 1:26, 11. Arvesen 1:32, 12. Padrnos 1:32, 13. Savoldelli 1:33, 14. Ullrich 1:36, 15. Sastre 1:36, 16. Azevedo 1:37, 17. Roberts 1:38,

18. Bodrogi 1:39, 19. Gonzalez Galdeano 1:44, 20. Landis 1:50, ... 28. Klöden 2:29, ... 30. Leipheimer 2:31, 31. Rich 2:31, ... 37. Guerini 2:59, ... 39. Jaksche 3:02, 40. Scholz 3:06, 41. Boonen, ... 43. Sevilla 3:12, ... 47. Davis 3:22, ... 56. Lang 3:32, 57. Hushovd 3:32, 58. Kessler 3:37, ... 60. McEwen 3:41, ... 62. Wegmann 3:46, ... 67. Totschnig 3:55, ... 73. Dekker 4:05, 74. Zberg 4:07, ... 85. O'Grady 4:23, ... 87. Schreck 4:28, ... 89. Ludewig 4:36, ... 93. Nardello 4:42, ... 96. Sinkewitz 4:49, ... 98. Furlan 4:50, ... 109. Eisel 5:06, ... 155. Grabsch 6:00, ... 161. Cooke 6:34, ... 171. Becke 7:55, 172. Wrolich 7:55, ... 178. Steinhauser 9:44, ... 184. Förster 11:08, ... 188. (Letzter) Tombak 13:13

Punktwertung (Grünes Trikot): 1. Boonen 108 Punkte, 2. Hushovd 77, 3. O'Grady 76, 4. McEwen 61, 5. Wrolich 60, 6. Davis 58, 7. Furlan 49, 8. Eisel 43, 9. Cooke 37, 10. Förster 36, ... 19. Becke 21, ... 21. Voigt 20, ... 32. Armstrong 12, ... 36. Winokurow 10, ... 42. Ullrich 7, ... 44. Lang 6, ... 52. Wegmann 4

Bergwertung (Rot-Gepunktetes Trikot): 1. Dekker 6 Punkte, 2. Voeckler 5, 3. Bertogliati 4, 4. Bodrogi 3, 5. Wegmann 3, 6. Carlström 2

Nachwuchsfahrer (Weißes Trikot): 1. Popowitsch 13:46:28 Stunden, 2. Karpets 0:57 Minuten zurück, 3. Sanchez 1:01, 4. Cancellara 1:14, 5. Contador 1:19, 6. Boonen 1:53, ... 11. Wegmann 2:30, ... 17. Sinkewitz 3:33

Mannschaftswertung: 1. Team CSC/Dänemark 38:56:25 Stunden, 2. Discovery/USA 0:02 Minuten zurück, 3. T-Mobile Team/Deutschland 2:24, 4. Phonak/Schweiz 3:02, 5. Liberty Seguros/Spanien 3:22, 6. Team Gerolsteiner/Deutschland 3:45, ... 9. Illes Balears/Spanien 5:16, ... 12. Quick Step/Belgien 6:24, 13. Domina Vacanze/Italien 6:28, ... 21. (Letzter) AG2R/Frankreich 10:12

Kämpfer des Tages: Juan Antonio Flecha
Komplette Starterliste Seite 110

vom belgischen Team Davitamon-Lotto wieder obenauf. »Solche Reibereien im Finale waren früher bei Klasse-Sprintern wie Eddy Merckx oder Sean Kelly an der Tagesordnung. Ich war enttäuscht über meine Disqualifikation und wollte zeigen, dass ich der Schnellste im Peloton bin.«

Auf der Zielgeraden hatte McEwen lange am Hinterrad von Boonen gewartet, um auf den letzten Metern kraftvoll an dem Belgier vorbeizuziehen und seinen insgesamt sechsten Etappensieg bei der Frankreich-Rundfahrt einzufahren. Dritter wurde der Norweger Thor Hushovd, während der Berliner Jens Voigt (Team CSC) als Neunter und Gerolsteiner-Fahrer Robert Förster als Zehnter mit dem Ausgang des Sprints nichts zu tun hatten. »Das war diesmal eine Harakiri-Anfahrt und ein hektisches Finale. Ich hoffe, dass meine Chancen in den nächsten Tagen noch kommen werden«, meinte der enttäuschte Förster.

Im Hauptfeld erreichten Jan Ullrich und Lance Armstrong das Ziel, in der von Armstrong angeführten Gesamtwertung gab es an der Spitze keine Veränderungen. »Das war wieder ein schwerer Tag. Die Helfer mussten viel arbeiten. Es wurde erneut sehr schnell gefahren, dabei sind wir gut durchgekommen. Aber wir müssen immer vorne fahren, um die Übersicht zu behalten. Das wird morgen nicht anders«, sagte Ullrich.

Das Sturzpech blieb dem dänischen Rennstall CSC nach David Zabriskies Ausrutscher im Finale des Teamzeitfahrens auch auf dem fünften Teilstück treu. Bei einem Crash erwischte es auch CSC-Teamkapitän Ivan Basso. Doch der Italiener kam ebenso glimpflich davon wie sein Landsmann Giuseppe Guerini vom T-Mobile Team. Alle Betroffenen konnten kurz darauf

wieder zum Feld aufschließen. Zabriskie, der sich bei seinem Sturz Hautabschürfungen und Prellungen im linken Knie-, Hüft- und Rippenbereich zugezogen hatte, setzte das Rennen fort. »Wir werden Dave ein paar Tage in Ruhe lassen, es hat ihn wirklich übel mitgenommen«, sagte sein Teamkollege Voigt: »Er muss jetzt ein paar Tage Kräfte sparen, dann wird er auch wieder angreifen.«

Am Start in Chambord noch im Teamtrikot, später beim »echten« Start im Gelben: Lance Armstrong. (links oben)

Jan Ullrich immer konzentriert im vorderen Feld zu finden. (links)

Sebastian Lang vom Team Gerolsteiner, gefolgt vom Spanier Juan Antonio Flecha, initiiert einen Ausreißversuch. Flecha gehört später einer vierköpfigen Spitzengruppe an.

≫ **Tour-Info**

6. Etappe Troyes – Nancy

Von der mittelalterlichen Handelsmetropole Troyes im Herzen der Champagne zieht die Tour entlang ausgedehnter Agrarlandschaften in die lothringische Hauptstadt Nancy und damit immer weiter der deutschen Grenze entgegen. Troyes ist ein Zentrum der Zucker-, Süßwaren- und Textil-Industrie. In der 947 an der Meurthe gegründeten Universitätsstadt Nancy gastiert die Tour bereits zum 16. Mal. Der Stolz des ehemaligen Sitzes der Herzöge von Lothringen ist die 250 Jahre alte Place Stanislav im Herzen der Stadt.

»Winos« Coup brachte 19 Sekunden

In den engen Straßen von Nancy schlug Alexander Winokurow zu. Er nutzte einen Moment der Unachtsamkeit beim Team des Spitzenreiters Lance Armstrong aus und fuhr einen kleinen Vorsprung heraus. T-Mobiles Doppelspitze Ullrich/Winokurow machte zum ersten Mal nachdrücklich auf sich aufmerksam.

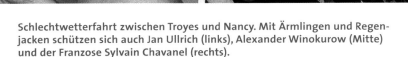

Schlechtwetterfahrt zwischen Troyes und Nancy. Mit Ärmlingen und Regenjacken schützen sich auch Jan Ullrich (links), Alexander Winokurow (Mitte) und der Franzose Sylvain Chavanel (rechts).

Christophe Mengin (Foto oben) wurde zum Pechvogel des Tages. Bei der Zieleinfahrt ging der in Nancy lebende Franzose auf regennasser Straße zu Boden und löste damit einen Massensturz im Feld aus.

Freude wollte bei Lance Armstrong nicht aufkommen, als er auf dem Podium das Gelbe Trikot in Empfang nahm. Wichtige 19 Sekunden auf seinen Widersacher Alexander Winokurow hatte der sechsmalige Champion kurz vorher bei der »Regenschlacht« auf der sechsten Etappe über 199 km von Troyes nach Nancy eingebüßt. »Es war mir klar, dass bei den Verhältnissen etwas passieren konnte. Durch den Regen wurde die Etappe richtig schwer. Und wenn dann einer stürzt, kann man nichts machen«, meinte Armstrong.

Lachte sich ins Fäustchen: Alexander Winokurow verkürzte den Abstand zu Spitzenreiter Lance Armstrong durch eine Attacke bei der Einfahrt nach Nancy um 19 Sekunden.

Winokurow nutzte indes die Gunst des Augenblicks und machte durch seinen zweiten Platz hinter Tagessieger Lorenzo Bernucci (Italien) Boden auf Armstrong gut.

Dabei war für den Kasachen sogar mehr drin. »Schade, dass Mengin gestürzt ist. Dadurch musste ich auch abbremsen und mit dem Fuß von der Pedale gehen. Das hat mich den Etappensieg gekostet«, meinte Winokurow, der sieben Sekunden vor dem Feld den Zielstrich überquerte und zusätzlich die Zeitgutschrift von zwölf Sekunden einstrich. Damit rückte der Sieger von Lüttich-Bastogne-Lüttich auf den dritten Gesamt-Platz vor.

Der »Aufreger des Tages« ereignete sich zwei Kilometer vor dem Ziel. Als der Franzose Christophe Mengin nach einer 167-km-Flucht gerade von Winokurow und Bernucci eingeholt wurde, rutschte sein Rad in der Kurve weg. Was folgte war ein von ihm ausgelöster Massensturz, der das Feld in zwei Hälften teilte. Dritter der Etappe wurde Gerolsteiner-Profi Robert Förster (»Das war das Optimum«). »Wir wussten, dass es eine gefährliche Etappe wird. Deshalb haben wir uns immer vorne aufgehalten. Das hat sich durch den zweiten Platz von Winokurow ausgezahlt«, meinte Ullrich. Sogar CSC-Teamchef Bjarne Riis war voll des Lobes für Winokurow: »Wino hat Kampfgeist, Ehrgeiz und Mut. Er ist für das Gelbe Trikot eine große Gefahr.« Riis' Schützling Jens Voigt ist als bester Deutscher (1:04) nun Vierter.

Zum tragischen Helden aber wurde auf dem sechsten Teilstück Mengin. Der Franzose war bereits bei Kilometer 30 gemeinsam mit dem Italiener Mauro Gerosa, dem viermaligen Etappensieger Jaan Kirsipuu (Estland), Karsten Kroon (Niederlande) und Stephane Auge (Frankreich) ausgerissen und hatte zwischenzeitlich einen Vorsprung von 8:30 Minuten herausgefahren.

Als im Feld die Sprinter-Teams Quick Step und Davitamon-Lotto auf das Tempo drückten, wurden beim letzten Anstieg die Ausreißer nach und nach eingeholt. Nur Mengin, der in Nancy lebt, hielt sich tapfer an der Spitze, bis seine Flucht schließlich im Absperrgitter endete.

In der Bergwertung wechselte das Führungstrikot von einem Niederländer, Erik Dekker, zum anderen, Karsten Kroon. Der ehemalige Sieger des Frankfurter Rennens Rund um den Henninger Turm sicherte sich bei den vier Bergwertungen der vierten Kategorie insgesamt sieben Punkte.

Die Tour spricht »American English«

Wenn Lance Armstrong am 24. Juli in Paris die Radsport-Bühne verlässt, setzt er den vorläufigen Schlusspunkt unter das jüngste Kapitel der Tour-Geschichte, über der nicht erst seit diesem Jahr die Stars and Stripes wehen. Seit Armstrong 1999 erstmals die Frankreich-Rundfahrt gewann, ist sie fest in US-Hand. Was vor zehn Jahren noch undenkbar war, ist heute Realität: Die Tour spricht »American English«.

Die ersten Erfolge der US-Fahrer auf der Großen Schleife liegen schon 20 Jahre zurück. Am 20. Juli 1985 gewann Greg LeMond als erster Amerikaner eine Touretappe, ein Jahr später holte er den ersten seiner drei Gesamtsiege. Anfang der 1990er Jahre war das US-Intermezzo wieder beendet. Die neue Ära begann mit dem Comeback Armstrongs nach überstandener Krebserkrankung vor sechs Jahren.

Inzwischen ist er längst nicht mehr der einzige US-Profi, der bei der Tour für Furore sorgt. Vor zwei Jahren gewann sein früherer Teamkollege Tyler Hamilton als überhaupt erst sechster Amerikaner eine Etappe. Zum Auftakt der diesjährigen Runde holte David Zabriskie den Sieg im Auftakt-Zeitfahren und trug als dritter US-Boy nach LeMond und Armstrong das Gelbe Trikot.

Dass Radsport in den Staaten überhaupt wahrgenommen wird, ist Armstrong zu verdanken. Mit seinen Erfolgen verhalf der 33-Jährige seiner Sportart zu einem immensen Schub. »Seit es Lance gibt, hat Radsport in den USA einen neuen Stellenwert bekommen«, sagt Verbandssprecher Andy Lee (USA Cycling). Im Zuge des gewachsenen Interesses ist auch die Zahl der Radprofis in den USA deutlich gestiegen. Während in den Ergebnislisten immer mehr Amerikaner vorne zu finden sind, hat auch abseits des sportlichen Wettkampfs der US-Aspekt mehr Gewicht bekommen. Nachdem bis Ende der 1990er Jahre alle offiziellen Tour-Ansagen und Dossiers nur in Französisch übermittelt wurden, ist Englisch im Lauf der dreiwöchigen Rundfahrt mittlerweile zweite »Amtssprache«.

Tour-Splitter

FREIGIEBIG: Etwa elf Millionen Geschenkartikel werden auf den 21 Etappen von den Helfern der Werbekarawane an die erwarteten rund 15 Millionen Radsportfans am Rande der Straßen verteilt. Insgesamt 42 Sponsoren sind im Wagenzug vertreten, der aber nur ein Bruchteil der 1600 Fahrzeuge umfasst, die bei der Tour unterwegs sind.

≫ Tour-Tagebuch 6. Etappe:

Donnerstag, 7. Juli – Troyes – Nancy (199 km)

1. Lorenzo Bernucci (FAS) 4:12:52 Stunden (47,2 km/h)
2. Alexander Winokurow (TMO), 3. Robert Förster (GST) 0:07 Minuten zurück,
4. Angelo Furlan (DOM), 5. Thor Hushovd (C.A), 6. Kim Kirchen (FAS),
7. Gianluca Bortolami (LAM), 8. Egoi Martinez (EUS), 9. Gerrit Glomser (LAM),
10. Kurt Asle Arvesen (CSC)

11. Laurent Brochard (BTL), 12. Jerome Pineau (BTL), 13. Massimo Giunti (FAS), 14. Oscar Pereiro (PHO), 15. Xavier Zandio (IBA), 16. Bobby Julich (CSC), 17. Pieter Weening, 18. Erik Dekker (RAB), 19. Jan Ullrich (TMO), 20. Salvatore Commesso (LAM), ... 23. Georg Totschnig (GST), ... 26. Patrik Sinkewitz (QST), ... 29. Jens Voigt (CSC), ... 31. George Hincapie (DSC), 32. Lance Armstrong (DSC), 33. Jaroslaw Popowitsch (DSC), ... 40. Paolo Savoldelli (DSC), 41. Jose Enrique Gutierrez (PHO), 42. Floyd Landis (PHO), 43. Levi Leipheimer (GST), ... 45. Igor Gonzalez Galdeano (LSW), 46. Jose Luis Rubiera (DSC), ... 59. Benjamin Noval (DSC), ... 61. Oscar Sevilla (TMO), 62. Jose Azevedo (DSC), ... 65. Carlos Sastre (CSC), 66. Ronny Scholz (GST), ... 69. Pavel Padrnos (DSC), ... 72. Sebastian Lang (GST), 73. Jorg Ludewig (DOM), 74. Nicki Sörensen (CSC), 75. Ivan Basso (CSC), ... 78. Luke Roberts (CSC), 79. Giuseppe Guerini (TMO), ... 91. Fabian Wegmann (GST), ... 94. Jörg Jaksche (LSW), ... 99. Andreas Klöden (TMO), ... 108. Daniele Nardello (TMO), 109. Bert Grabsch (PHO), 110. Stephan Schreck (TMO), ... 118. Karsten Kroon (RAB), ... 126. Tom Boonen (QST), 127. Beat Zberg (GST) alle gleiche Zeit, ... 133. Peter Wrolich (GST) 2:27, ... 138. Daniel Becke (IBA) 3:54, 139. Michael Rich (GST) gleiche Zeit, ... 162. Tobias Steinhauser (TMO) 3:57, 163. Matthias Kessler (TMO) gleiche Zeit, ... 178. David Zabriskie (CSC) 7:46, ... 187. (Letzter) Steve Zampieri (PHO) 26:23. – **Aufgegeben:** Claudio Corioni (FAS) (187 von 188 Startern im Ziel klassiert

Gesamtwertung (Gelbes Trikot): 1. Armstrong 17:58:11 Stunden, 2. Hincapie 0:55 Minuten zurück, 3. Winokurow 1:02, 4. Voigt 1:04, 5. Julich 1:07, 6. Rubiera 1:14, 7. Popowitsch 1:16, 8. Noval 1:26, 9. Basso 1:26, 10. Arvesen 1:32, 11. Padrnos 1:32, 12. Savoldelli 1:33, 13. Ullrich 1:36, 14. Sastre 1:36, 15. Azevedo 1:37, 16. Roberts 1:38, 17. Gonzalez Galdeano 1:44, 18. Landis 1:50, 19. Gutierrez 2:00, 20. Sörensen 2:01, ... 24. Klöden 2:29, ... 26. Leipheimer 2:31, ... 31. Bernucci 2:56, ... 33. Guerini 2:59, ... 35. Jaksche 3:02, 36. Scholz 3:06, 37. Boonen 3:09, ... 39. Sevilla 3:12, ... 48. Lang 3:32, 49. Hushovd 3:32, ... 53. Wegmann 3:46, ... 58. Totschnig 3:55, ... 62. Kirchen 4:04, 72. Schreck 4:28, 73. Ludewig 4:36, ... 75. Nardello 4:42, ... 78. Sinkewitz 4:49, 79. Furlan 4:50, ... 95. Bortolami 5:17, ... 101. Glomser 5:24, ... 108. Martinez 5:34, ... 118. Grabsch 6:00, ... 120. Zberg 6:10, 121. Rich 6:18, ... 130. Kessler 7:27, ... 141. Zabriskie 9:05, ... 156. Kroon 10:03, ... 159. Wrolich 10:15, ... 164. Förster 11:00, ... 169. Becke 11:42, ... 178. Steinhauser 13:34, ... 187. (Letzter) Zampieri 32:00

Zieleinlauf der 6. Etappe: Außenseiter Lorenzo Bernucci siegte vor Winokurow. Das Feld hatte sieben Sekunden Rückstand (oben).

Lance Armstrong »is not amused«. Einer seiner Hauptgegner, Alexander Winokurow, rückte in der Gesamtwertung näher an ihn heran.

Punktwertung (Grünes Trikot): 1. Boonen 106 Punkte, 2. Hushovd 99, 3. O'Grady 76, 4. Furlan 73, 5. Förster 62, 6. McEwen 61, 7. Wrolich 60, 8. Davis 58, 9. Eisel 43, 10. Winokurow 40, ... 25. Becke 21, ... 28. Voigt 20, ... 39. Ullrich 14, ... 43. Armstrong 12, ... 56. Lang 6, ... 65.. Wegmann 4

Bergwertung (Rot-Gepunktetes Trikot): 1. Kroon 7 Punkte, 2. Auge 7, 3. Dekker 6, 4. Mengin 6, 5. Voeckler 5, 6. Bertogliati 4, ... 7. Wegmann 3

Nachwuchsfahrer (Weißes Trikot): 1. Popowitsch 17:59:27 Stunden, 2. Karpets 0:57 Minuten zurück, 3. Cancellara 1:14, 4. Contador 1:19, 5. Boonen 1:53, 6. Kaschetschkin 1:54, ... 9. Wegmann 2:30, ... 12. Sinkewitz 3:33

Mannschaftswertung: 1. Team CSC/Dänemark 51:35:22 Stunden, 2. Discovery/USA 0:02 Minuten zurück, 3. T-Mobile Team/Deutschland 2:17, 4. Phonak/Schweiz 3:02, 5. Liberty Seguros/Spanien 3:22, 6. Team Gerolsteiner/Deutschland 3:45, ... 9. Illes Balears/Spanien 5:16, ... 12. Quick Step/Belgien 6:24, 13. Domina Vacanze/Italien 6:28, ... 21. (Letzter) AG2R/Frankreich 10:12

Kämpfer des Tages: Christophe Mengin
Komplette Starterliste Seite 110

Wegmann erobert Bergtrikot und Herzen der Fans

Trikots in den Farben gelb, grün, weiß und rot-gepunktet sind der Traum eines jeden Radrennfahrers. Nur wenigen aber ist es vergönnt, in ein solches Leibchen mit dem eigenen Sponsoren-Aufdruck zu schlüpfen. Fabian Wegmann zählt jetzt zum elitären Kreis der Deutschen, die jemals eine Tour-Wertung angeführt haben.

Als Fabian Wegmann auf dem Podium das rot gepunktete Trikot übergestreift hatte, konnte er schon wieder lachen. Auch wenn er seinen kraftraubenden Husarenritt über 160 km auf der siebten Etappe nicht mit dem Tagessieg krönen konnte, durfte sich der 25-jährige Freiburger als Gewinner fühlen. Mit dem famosen Ausreißversuch eroberte der Blondschopf vom Team Gerolsteiner nicht nur die Führung in der Bergwertung, sondern auch die Herzen der deutschen Radsport-Fans, die bei der Ankunft der Frankreich-Rundfahrt in Karlsruhe die Strecke zu Hunderttausenden säumten.

»Ich habe mir einen Traum erfüllt, denn ich wollte einmal oben auf dem Tour-Podium stehen«, erklärte der gebürtige Münsteraner, der seinen Coup schon vorher geplant hatte. »Dass es bis ins Ziel nicht reichen würde, war mir klar. Am liebsten möchte ich das gepunktete Trikot bis zum Ende behalten, aber ich fürchte, dass ich für diesen Ausreißversuch in den nächsten Tagen bezahlen muss.«

Den erhofften deutschen Etappensieg beim »Heimspiel« verdarb der Australier Robbie McEwen mit seinem Sprintsieg nach 228,5 km zwischen Lunéville und Karlsruhe. Der 33-Jährige gewann im Spurt vor dem Schweden Magnus Backstedt und dem Österreicher Bernhard Eisel und holte sich seinen zweiten Etappensieg bei der diesjährigen Tour und seinen siebten insgesamt. Als bestplatzierter Deutscher kam Wegmanns Teamkollege Robert Förster auf Rang 13.

Triumphator der 7. Etappe: Fabian Wegmann vom Team Gerolsteiner. Der 25-Jährige durfte nach langer Alleinfahrt (rechts) ins begehrte Trikot des Besten in der Bergwertung schlüpfen.

≫ Tour-Info

7. Etappe Lunéville – Karlsruhe

»Back to the roots.« Das größte Radsportereignis der Welt kehrt nach Karlsruhe zurück, wo Karl Freiherr Drais von Sauerbronn 1817 das Laufrad als Vorgänger des Fahrrads erfunden hat. Vorher geht die Fahrt von Lunéville in Lothringen durch die Vogesen und das Elsass an den Nordrand des Schwarzwaldes. Karlsruhe, Heimatstadt des Automobil-Pioniers Carl Benz, war 1717 von Markgraf Karl Wilhelm von Baden-Durlach neu gegründet worden, nachdem es von französischen Truppen 1689 völlig niedergebrannt wurde.

Nach sonnigem Auftakt
an den ersten Tagen
begleiteten Regen-
schauer das Fahrerfeld
zwischen Lunéville in
Lothringen und Karls-
ruhe in Baden.

Dennoch war die Freude bei den deutschen Fans groß als Wegmann bei seiner Alleinfahrt als erster Fahrer deutschen Boden erreichte. »Als ich die Grenze nach Deutschland überquerte, standen da so viele Zuschauer und jubelten, dass ich jetzt noch eine Gänsehaut und Ohrenschmerzen habe«, meinte Wegmann im Ziel.

Virtuell in Gelb

Seine mutige Flucht hatte er schon nach 45 Kilometern begonnen, und obwohl er angesichts von maximal 8:30 Minuten Vorsprung auf das Hauptfeld sogar zeitweilig »virtuell« das Gelbe Trikot übernommen hatte, ließ ihn das Discovery-Team von Spitzenreiter Lance Armstrong zunächst gewähren. Erst als sich die Mannschaften der Sprinter vor das Peloton spannten, schmolz der Rückstand zusehends. »Es gibt immer zwei, drei Teams, die das Feld zusammenhalten wollen. Das hilft uns, das Gelbe Trikot zu verteidigen, ohne zu viel arbeiten zu müssen«, sagte Armstrong.

»Die Fahrt durch Deutschland war heute einfach gigantisch. Wir und auch die Zuschauer haben dabei noch Glück mit dem Wetter gehabt. Jetzt kommen die ersten kleinen Berge. Ich hoffe das meine Beine gut sind, ich fühle mich jedenfalls gut«, sagte Jan Ullrich nach der Zielankunft.

Der Partystimmung am Rande der Tour tat auch die erfolgreiche Jagd des Feldes auf Wegmann keinen Abbruch. Drei Jahre nach der letzten Etappenankunft auf deutschem Boden in Saarbrücken hießen offiziellen Angaben zufolge rund 700.000 Zuschauer »Le Tour« willkommen.

McEwen immer am Rande des Erlaubten

Er ist das »enfant terrible« des Pelotons. Wenn Robbie McEwen Gas gibt, fliegen nicht selten die Fetzen. Mit allen Mitteln kämpft der Australier in den Sprintfinals um Etappensiege. Stets am Rande des Erlaubten, und manchmal auch darüber.

»Ich habe gezeigt, dass ich der Schnellste im Feld bin«, behauptete McEwen nach seinen Triumphen in Montargis und Karlsruhe großspurig. Der Ärger beim 32-Jährigen über die Disqualifikation bei der Etappe nach Tours wegen eines Kopfstoßes im Finish gegen seinen Landsmann Stuart O'Grady bringt McEwen immer noch auf die Palme: »Das hat die Tagesentscheidung überhaupt nicht beeinflusst. Jetzt kann ich das Grüne Trikot vergessen. Nur ein Wunder kann mir noch helfen.« Und dabei wollte McEwen nach 2002 und 2004 zum dritten Mal das »Maillot verte« in Paris in Empfang nehmen. Stattdessen konzentriert er sich nun auf Etappensiege. »Ich habe noch Einiges vor«, so der Fahrer vom belgischen Team Davitamon-Lotto.

Hinter McEwen liegt schon eine erfolgreiche Saison. Elf Siege, allein drei beim Giro d'Italia, fuhr der Vize-Weltmeister von 2002 ein. Was bleibt, ist das großes Ziel, der Triumph am Schlusstag auf den Champs Elysées. 2003 verlor er das Sprintfinale in Paris gegen seinen Landsmann Baden Cooke. »Das wurmt mich immer noch«, meint McEwen.

≫ Tour-Tagebuch – 7. Etappe: Freitag, 8. Juli – Lunéville – Karlsruhe (228,5 km)

1. Robbie McEwen (DVL) 5:03:45 Stunden (45,1 km/h)
2. Magnus Backstedt (LIQ), 3. Bernhard Eisel (FDJ), 4. Gerrit Glomser (LAM),
5. Baden Cooke (FDJ), 6. Fabian Cancellara (FAS), 7. Tom Boonen (QST),
8. Gianluca Bortolami (LAM), 9. Thor Hushovd (C.A), 10. Juan Antonio Flecha (FAS)

11. Stuart O'Grady (COF), 12. Luciano Pagliarini (LIQ), 13. Robert Förster (GST), 14. Jean-Patrick Nazon (A2R), 15. Laurent Brochard (BTL), 16. Mauro Gerosa (LIQ), 17. Daniel Becke (IBA), 18. Gerben Löwik (RAB), 19. David Loosli (LAM), 20. Sebastian Lang (GST), ... 23. Janek Tombak (COF), ... 27. Andreas Klöden (TMO), ... 32. Kurt Asle Arvesen (CSC), ... 34. Jose Enrique Gutierrez (PHO), ... 40. Peter Wrolich (GST), 41. Jörg Ludewig (DOM), ... 43. Matthias Kessler (TMO), ... 45. Jan Ullrich (TMO), ... 53. Lance Armstrong (DSC), ... 55. George Hincapie (DSC), ... 57. Jaroslaw Popowitsch (DSC), 58. Bert Grabsch (PHO), ... 63. Ivan Basso (CSC), 64. Patrik Sinkewitz (QST), 65. Alexander Winokurow (TMO), 66. Oscar Sevilla (TMO), ... 77. Tobias Steinhauser (TMO), 78. Jens Voigt (CSC), ... 84. Floyd Landis (PHO), ... 89. Georg Totschnig (GST), 90. Paolo Savoldelli (DSC), ... 92. Bobby Julich (CSC), ... 96. Stephan Schreck (TMO), ... 100. Igor Gonzalez Galdeano (LSW), ... 105. Jose Azevedo (DSC), ... 109. Carlos Sastre (CSC), 110. Benjamin Noval (DSC), 111. Nicki Sörensen (CSC), 112. Pavel Padrnos (DSC), ... 114. Luke Roberts (CSC), ... 116. Jörg Jaksche (LSW), ... 124. Ronny Scholz (GST), 125. Daniele Nardello (TMO), 126. Fabian Wegmann (GST), 127. Michael Rich (GST), ... 129. Levi Leipheimer (GST), ... 136. Jose Luis Rubiera (DSC), ... 143. Giuseppe Guerini (TMO), ... 163. Beat Zberg (GST) alle gleiche Zeit, ... 173. Allan Davis (LSW, deklassiert wegen Unsportlichkeit vom 12.), ... 185. (Letzter) Jose Luis Arrieta (IBA) 5:22. – Aufgegeben: Alessandro Spezialetti (LAM), Steve Zampieri (PHO) (185 von 187 im Ziel klassiert)

Gesamtwertung (Gelbes Trikot): 1. Armstrong 23:01:56 Stunden, 2. Hincapie 0:55 Minuten zurück, 3. Winokurow 1:02, 4. Voigt 1:04, 5. Julich 1:07, 6. Rubiera 1:14, 7. Popowitsch 1:16, 8. Noval 1:26, 9. Basso 1:26, 10. Arvesen 1:32, 11. Padrnos 1:32, 12. Savoldelli 1:33, 13. Ullrich 1:36, 14. Sastre 1:36, 15. Azevedo 1:37, 16. Roberts 1:38, 17. Gonzalez Galdeano 1:44, 18. Landis 1:50, 19. Gutierrez 2:00, 20. Sörensen 2:01, ... 24. Klöden 2:29, 25. Cancellara 2:30, 26. Leip-

heimer 2:31, ... 33. Guerini 2:59, 34. Boonen 3:01, ... 36. Jaksche 3:02, 37. Scholz 3:06, ... 39. Sevilla 3:12, ... 41. Flecha 3:13, 42. McEwen 3:21, ... 45. Hushovd 3:26, ... 48. Backstedt 3:31, ... 50. Lang 3:32, 51. Wegmann 3:34, ... 57. Totschnig 3:55, ... 71. Schreck 4:28, 72. Ludewig 4:36, ... 74. Nardello 4:42, ... 77. Sinkewitz 4:49, ... 83. Eisel 4:58, ... 94. Bortolami 5:17, ... 100. Glomser 5:24, ... 116. Grabsch 6:00, ... 118. Zberg 6:10, 119. Rich 6:18, ... 121. Cooke 6:34, ... 128. Kessler 7:27, ... 136. Arrieta 8:38, ... 157. Wrolich 10:15, ... 161. Förster 11:00, ... 165. Becke 11:42, ... 176. Steinhauser 13:34, ... 185. (Letzter) Tombak 20:52

Punktwertung (Grünes Trikot): 1. Boonen 133 Punkte, 2. Hushovd 122, 3. McEwen 96, 4. O'Grady 91, 5. Förster 75, 6. Angelo Furlan 73, 7. Eisel 69, 8. Wrolich 60, 9. Cooke 59, 10. Davis 58, ... 17. Winokurow 40, ... 20. Becke 29, ... 31. Voigt 20, ... 37. Wegmann 16, ... 43. Ullrich 14, ... 48. Armstrong 12, ... 51. Lang 11

Bergwertung (Gepunktetes Trikot): 1. Wegmann 10 Punkte, 2. Auge 8, 3. Kroon 7, 4. Voeckler 7, 5. Dekker 6, 4. Mengin 6, ... 9. Scholz 3

Nachwuchsfahrer (Weißes Trikot): 1. Popowitsch 23:03:12 Stunden, 2. Karpets 0:57 Minuten zurück, 3. Cancellara 1:14, 4. Contador 1:19, 5. Boonen 1:45, 6. Kaschetschkin 1:54, ... 9. Wegmann 3:33

Mannschaftswertung: 1. Team CSC/Dänemark 66:46:37 Stunden, 2. Discovery/USA 0:02 Minuten zurück, 3. T-Mobile Team/Deutschland 2:17, 4. Phonak/Schweiz 3:02, 5. Liberty Seguros/Spanien 3:22, 6. Team Gerolsteiner/Deutschland 3:45, ... 9. Illes Balears/Spanien 5:16, ... 12. Quick Step/Belgien 6:24, 13. Domina Vacanze/Italien 6:28, ... 21. (Letzter) AG2R/Frankreich 10:12

Kämpfer des Tages: Fabian Wegmann

Komplette Starterliste Seite 110

Erste »Nadelstiche«
gegen Armstrong

Ein »totes Rennen«, also das Überqueren der Ziellinie zweier Fahrer auf absolut gleicher Höhe, gibt es seit Einführung der Zielfotografie nicht mehr. Das erfuhr Andreas Klöden in Gérardmer. Für das Auge nicht wahrnehmbar, hatte Pieter Weening den Reifen um exakt 9,6 Millimeter oder 0,0002 Sekunden vor Klöden durch die Lichtschranke gebracht.

Erst attackierte das T-Mobile Team im Rennen, dann gaben Jan Ullrich und Co. auch ihre gewohnte verbale Zurückhaltung auf: Der erste Angriff auf den sechsmaligen Toursieger Lance Armstrong war mit der Offensive in den Vogesen noch lange nicht beendet. »Jeder hat gesehen, dass seine Mannschaft Schwächen zeigte. Ich denke, dass jetzt auch andere Lance attackieren«, sagte Ullrich und gab sich betont angriffslustig: »Jetzt geht die Tour ja erst richtig los.«
Der Vorjahreszweite Andreas Klöden hatte nach einem furiosen Ausreißversuch zuvor nur um Millimeter seinen ersten Etappensieg verpasst. Der T-Mobile-Profi musste sich auf der achten Etappe über 231,5 km von Pforzheim nach Gérardmer mit dem zweiten Platz begnügen, die Etappe gewann im Fotofinish der Niederländer Pieter Weening.

> **≫ Tour-Info**
>
> **8. Etappe Pforzheim – Gérardmer**
> Von der Uhren- und Schmuckstadt Pforzheim geht es zu den ersten »Juwelen« der Tour, den Bergen. Gleich nach dem Start in Pforzheim, das im 1. Jahrhundert als römische Siedlung entstand und 1000 Jahre später das Markrecht erhielt, stehen im Hochschwarzwald vier Bergwertungen der dritten Kategorie auf den ersten 50 km bevor. In den Vogesen wartet erst welliges Terrain auf den Tross und 50 km vor dem Finale folgt mit dem Col de la Schlucht ein Berg der 2. Kategorie. Dem 16,8 km langen Anstieg mit 4,4 % Steigung folgt die 15 km lange Abfahrt nach Gérardmer, einem im 13. Jahrhundert gegründeten, 9573 Einwohner zählenden Urlaubsressort.

Lance Armstrong und Jan Ullrich erreichten beim ersten Schlagabtausch in den Vogesen mit 27 Sekunden Rückstand das Ziel. Ullrich wurde Sechster hinter dem Berliner CSC-Profi Jens Voigt, Armstrong kam als 20. an. »Wir mussten am Anfang viel arbeiten. Aber die Aktion am letzten Berg war so abgesprochen. Erst sollte Winokurow nach vorn gehen, dann Andreas. Das ist taktisch sehr gut gelaufen«, sagte Ullrich. Das T-Mobile-Team brachte Armstrong beim ersten Kräftemessen gleich in die Bredouille. Auf dem 17 km langen Anstieg blies der Bonner Rennstall zur Attacke. Erst startete dreimal der Kasache Alexander Winokurow einen Ausreißversuch, dann zog Klöden davon und überquerte als Erster den 1139 m hohen Berg. Auch wenn sich Armstrong selbst in den ersten Bergen noch keine Blöße gab, wirkte er durch den Totalausfall seines Discovery-Teams erstmals seit zwei

Millimeter-Sprint in Gérardmer mit letzter Kraftanstrengung: Andreas Klöden und Pieter Weening (links) schossen gleichzeitig über den Zielstrich. Erst eine Vergrößerung des Zielfotos brachte Aufklärung: Der Niederländer lag 9,6 mm vor dem Deutschen.

Edeljoker Klöden meldet sich zurück

Vom Problemfall zum Edeljoker: Nach einer Saison voller Pleiten, Pech und Pannen scheint Andreas Klöden rechtzeitig seine Bestform wiedergefunden zu haben. Mit einer bravourösen Attacke brachte der 30-Jährige gleich am ersten schweren Berg der Tour 2005, dem 1139 m hohen Col de la Schlucht, Lance Armstrong in Verlegenheit. Seine Rolle im Team scheint Klöden zu gefallen. Gemeinsam mit Alexander Winokurow soll er durch Ausreißversuche den sechsmaligen Toursieger Armstrong ständig ärgern und im Hochgebirge Jan Ullrich zur Seite stehen.

Da Armstrong die weitaus größere Gefahr in Ullrich und Winokurow sieht, könnte Klöden die neue Rolle auch in die eigenen Karten spielen. Daran war vor einigen Wochen noch gar nicht zu denken. Alles ging schief beim Vorjahreszweiten. Oft präsentierte er sich völlig außer Form und stieg vorzeitig vom Rad. Noch im Frühjahr zog das T-Mobile-Team die Notbremse und verordnete ihm eine vierwöchige Rennpause. Nicht nur sportlich manövrierte sich Klöden in die Sackgasse. Auch mit seiner Forderung nach einem Tour-Team ohne Sprinter Erik Zabel machte er sich keine Freunde. Der Rüffel von Team-Direktor Walter Godefroot kam prompt: »Andreas ist Andreas. Er trägt sein Herz auf der Zunge. Manchmal ist es aber besser, vorher nachzudenken.«

Jahren verwundbar. »Meine Mannschaft hatte einen schlechten Tag, und auch ich selbst hatte nicht den besten. Ich habe gelitten wie ein Hund«, bekannte der US-Amerikaner in schonungsloser Offenheit: »Das war ein schlechter Tag. Wenn wir das noch öfter haben, können wir die Tour nicht gewinnen.«

So verteidigte er mit ein wenig Mühe das Gelbe Trikot und liegt im Gesamtklassement eine Minute vor Voigt. Winokurow ist mit 1:02 Minuten Rückstand Dritter. Ullrich (1:36) rückte auf den sechsten Platz vor und Klöden (1:50) auf den neunten.

Fabian Wegmann musste indes der 160-km-Flucht auf der Etappe nach Karlsruhe Tribut zollen und verlor das rot gepunktete Trikot an den Dänen Michael Rasmussen. Der Rabobank-Fahrer, der mit Voigt und drei weiteren Fahrern ausgerissen war, gewann alle vier Bergwertungen der Kategorie drei zu Beginn der Etappe. Wegmann hatte sichtlich Probleme und verlor frühzeitig den Anschluss an das Hauptfeld. »Fabian hat die Energieleistung der Solofahrt deutlich in den Beinen gemerkt«, begründete Gerolsteiner-Teamchef Hans Michael Holczer den Auftritt seines Schützlings. Ein anderer Gerolsteiner beteiligte sich lange an einem Fluchtversuch in einer siebenköpfigen Gruppe, deren Vorsprung im zweiten Teil der Etappe zeitweise 6:30 Minuten betrug. Vor dem Schlussanstieg waren die Ausreißer bis auf Weening wieder eingeholt.

Samba-Tänzerinnen am Streckenrand sorgen für zusätzliche Farbtupfer.

Sprint der Verfolgergruppe nach der ersten Bergetappe mit (von links) Jens Voigt (5.), Jan Ullrich (6.), Alejandro Valverde (3.) und Christophe Moreau (8.).

≫ Tour-Tagebuch, 8. Etappe: Samstag, 9. Juli – Pforzheim – Gérardmer (231,5 km)

1. Pieter Weening (RAB) 5:03:54 Stunden (45,7 km/h)
2. Andreas Klöden (TMO), 3. Alejandro Valverde (IBA) 0:27 Minuten zurück,
4. Kim Kirchen (FAS), 5. Jens Voigt (CSC), 6. Jan Ullrich (TMO), 7. Cadel Evans (DVL),
8. Christophe Moreau (C.A), 9. Christopher Horner (SDV), 10. Alexander Winokurow (TMO)

11. Stefano Garzelli (LIQ), 12. Franco Pellizotti (LIQ), 13. Oscar Pereiro (PHO), 14. Jörg Jaksche (LSW), 15. Dario Frigo (FAS), 16. Jewgeni Petrow (LAM), 17. Levi Leipheimer (GST), 18. Michael Boogerd (RAB), 19. Michael Rogers (QST), 20. Lance Armstrong (DSC), ... 22. Bobby Julich (CSC), 23. Santiago Botero (PHO), ... 26. Roberto Heras (LSW), 27. Floyd Landis (PHO), ... 29. Karpets (IBA), 30. Ivan Basso (CSC), ... 32. Joseba Beloki (LSW), 33. Carlos Sastre (CSC) alle gleiche Zeit, ... 39. Georg Totschnig (GST) 1:25, 40. Jose Enrique Gutierrez (PHO), 41. Jaroslaw Popowitsch (DSC), ... 43. Oscar Sevilla (TMO), 46. Patrik Sinkewitz (QST), 47. Jose Azevedo (DSC), 48. George Hincapie (DSC) alle gleiche Zeit, ... 57. Michael Rasmussen (RAB) 2:20, 58. Jörg Ludewig (DOM) 2:57, ... 65. Beat Zberg (GST), ... 83. Giuseppe Guerini (TMO), ... 84. Matthias Kessler (TMO) alle gleiche Zeit, ... 92. Stephan Schreck (TMO) 6:41, ... 108. Sebastian Lang (GST) 8:24, ... 110. Ronny Scholz (GST), 111. Bert Grabsch (PHO) beide gleiche Zeit, ... 113. Fabian Wegmann (GST) 12:59, ... 118. Michael Rich (GST), ... 131. Tobias Steinhauser (TMO), 132. Daniele Nardello (TMO) alle gleiche Zeit, ... 135. Tom Boonen (QST) 17:41, ... 138. Daniel Becke (IBA), ... 141. Peter Wrolich (GST), ... 157. Robert Förster (GST) alle gleiche Zeit, ... 178. Iker Flores (EUS) 46:05, ... 180. (Letzter) David Zabriskie (CSC) 51:12. – **Aufgegeben:** Sylvain Calzati (A2R), Isaac Galvez (IBA), Leon Van Bon (DVL). – **Nicht angetreten:** Christophe Mengin (FDJ), Sergej Gontschar (DOM) (180 von 185 Startern im Ziel klassiert)

Gesamtwertung (Gelbes Trikot): 1. Armstrong 28:06:17 Stunden, 2. Voigt 1:00 Minute zurück, 3. Winokurow 1:02, 4. Julich 1:07, 5. Basso 1:26, 6. Ullrich 1:36, 7. Sastre 1:36, 8. Hincapie 1:47, 9. Klöden 1:50, 10. Landis 1:50, 11. Karpets 2:13, 12. Popowitsch 2:14, 13. Botero 2:18, 14. Leipheimer 2:31, 15. Azevedo 2:35, 16. Beloki 2:43, 17. Moreau 2:48, 18. Pereiro 2:54, 19. Gutierrez 2:58, 20. Heras 2:58, ... 22. Jaksche 3:02, 23. Valverde 3:24, 24. Evans 3:29, ... 32. Kirchen 4:04, ... 37. Sevilla 4:10, ... 41. Weening 4:38, ... 44. Totschnig 4:53, 45. Horner 4:54, ... 49. Guerini 5:29, ... 51. Sinkewitz 5:47, ... 68. Rasmussen 7:05, 69. Ludewig 7:06, ... 79. Zberg 8:40, ... 85. Kessler 9:57, ... 90. Schreck 10:42, ... 92. Scholz 11:03, ... 95. Lang 11:29, ... 104. Grabsch 13:57, ... 111. Wegmann 16:06, ... 113. Nardello 17:14, ... 120. Rich 18:50, ... 126. Boonen 20:15, ... 146. Steinhauser 26:06, ... 158. Wrolich 27:29, ... 160. Förster 28:14, ... 163. Becke 28:56, ... 179. Zabriskie 1:01:13 Stunden, 180. (Letzter) Flores 1:01:54

Punktwertung (Grünes Trikot): 1. Boonen 133 Punkte, 2. Hushovd 128, 3. McEwen 96, 4. O'Grady 91, 5. Förster 75, 6. Furlan 73, ... 8. Wrolich 60, ... 12. Winokurow 51, ... 19. Voigt 40, ... 23. Ullrich 29, 24. Becke 29, ... 34. Klöden 22, ... 43. Wegmann 16, ... 51. Armstrong 132, ... 57. Lang 11, ... 68. Jaksche 7

Bergwertung (Rot-Gepunktetes Trikot): 1. Rasmussen 32 Punkte, 2. Klöden 20, 3. Weening 18, 4. Botero 14, 5. Ullrich 12, 6. Wegmann 10, 7. Julich 10, 8. Kaschetschkin 10, 9. Auge 8, 10. Voigt 8, ... 17. Scholz 3

Nachwuchsfahrer (Weißes Trikot): 1. Karpets 28:08:30 Stunden, 2. Popowitsch 0:01 Minuten zurück, 3. Valverde 1:11, 4. Contador 1:20, 5. Kaschetschkin 1:53, 6. Weening 2:25, 7. Sinkewitz 3:34, ... 20. Wegmann 13:53

Mannschaftswertung: 1. Team CSC/Dänemark 81:59:40 Stunden, 2. T-Mobile Team/Deutschland 1:50 Minuten zurück, 3. Discovery/USA 1:58, 4. Phonak/Schweiz 3:02, 5. Liberty Seguros/Spanien 3:22, 6. Illes Balears/Spanien 5:16, ... 9. Team Gerolsteiner/Deutschland 7:13, ... 12. Quick Step/Belgien 9:52, ... 21. (Letzter) Domina Vacanze/Italien 14:54

Kämpfer des Tages: Pieter Weening

Komplette Starterliste Seite 110

Voigt zieht Armstrong das Gelbe Trikot aus

Eine Woche lang musste Jens Voigt auf Geheiß seines Sportlichen Leiters Bjarne Riis bei Ausreißversuchen still halten. Doch mit Beginn der zweiten Tour-Woche zeigte sich der »Ausreißerkönig« wieder von seiner besten Seite. Platz drei in der Tageswertung und nach 2001 wieder im Gelben Trikot des Spitzenreiters.

Strahlend ins Gelbe Trikot: Der Berliner Jens Voigt durfte zum zweiten Mal in seiner Laufbahn das äußere Zeichen des Spitzenreiters bei der Frankreich-Rundfahrt in Empfang nehmen. Sein Vorgänger Lance Armstrong (oben) war schon unterwegs von seinem Sportlichen Leiter informiert worden.

≫ Tour-Info

9. Etappe Gérardmer – Mühlhausen

Die »Woche der Sprinter« ist mit der ersten »richtigen« Bergetappe endgültig beendet. Aus dem malerischen Tal der kleinen Textilindustriestadt geht es zu einer Reise über sechs Pässe Richtung Mühlhausen. Zum Einrollen sind die drei Anstiege der dritten Kategorie gedacht, dann folgen bei Kilometer 64 der 1338 m hohe Grand Ballon und später noch der Ballon d'Alsace (1171 m). In Mühlhausen kam die Tour schon 14-mal seit 1925 an. Die ehemalige deutsche Reichsstadt, die 1798 aus dem Reichsverband ausschied und sich Frankreich anschloss, galt im 19. Jahrhundert während der Zeit der industriellen Revolution als das »Manchester Frankreichs«.

Voigt genießt die Stunden in Gelb

Lance Armstrong war im Kampf um das Gelbe Trikot am Ruhetag in Grenoble chancenlos. Zwar kam der sechsmalige Toursieger mehrfach bis auf wenige Meter an das Objekt der Begierde heran, doch ließ ihn Jens Voigt jedes Mal eiskalt abblitzen. »Da lass ich keinen ran, notfalls setze ich mich drauf«, scherzte er im Hotel, in dem das CSC-Team und Armstrongs Discovery-Mannschaft untergebracht waren.

Während sich die Tourfavoriten auf den Schlagabtausch in den Bergen konzentrierten, genoss Voigt die Stunden in Gelb. »Für mich ist die Tour praktisch gelaufen, denn ich bin kein Bergfahrer. Ich bin darauf eingestellt, das Trikot schnell wieder zu verlieren – hoffentlich an einen Teamkollegen«, schätzte der 33-Jährige die Lage realistisch ein. Statt einer Triumphfahrt im Leader-Trikot erwartet Voigt einen harten Kampf gegen seinen »inneren Schweinehund«: »Ich denke schon, dass ich dafür bezahlen muss; ich werde richtig leiden«.

Anerkennung bekam Voigt von Jan Ullrich, mit dem er einst gemeinsam in Berlin die Sportschule besuchte. »Jens ist einer der sympathischsten Fahrer im Feld. Er attackiert, wann immer er kann und hat sich das Trikot wirklich verdient.«

Jens Voigt, Spezialist für Ausreißversuche, hatte eine Woche auf seine Chance warten müssen, bevor ihm sein Teamchef Bjarne Riis grünes Licht gab. »Ich habe ihn jeden Tag gefragt: Bjarne, darf ich fahren? – Die Antwort war immer nein. Aber auf der 9. Etappe hat er mich endlich losgelassen«, schilderte Voigt das Ringen mit seinem Boss um die »Lizenz« zum Angriff:

Vor vier Jahren – ebenfalls im Elsass – trug »Vogte« schon einmal für einen Tag das Gelbe Trikot. Bei seinem damaligen Rennstall Credit Agricole gab es keine Ambitionen auf das Gesamtklassement, da hatten die Fahrer alle Freiheiten.

Jens Voigt hätte die ganze Welt umarmen können, aber er beschränkte sich zunächst auf Christophe Moreau. Vier Jahre nach seinem ersten Coup in Colmar hatte der Berliner erneut im Elsass das Gelbe Trikot des Tour-Spitzenreiters erobert – und er wusste, bei wem er sich bedanken musste. »Ich kann Christophe nur vielen Dank sagen. Er hat super mit mir zusammengearbeitet und sogar gewartet, als ich in der Schlussphase ein Reifenproblem hatte. Das war einfach große Klasse«, erklärte der 33-Jährige, nachdem er als Etappendritter des neunten Teilstücks von Gérardmer nach Mühlhausen die Gesamtführung von Lance Armstrong übernommen hatte.

30 km von Colmar entfernt, wo er 2001 zum ersten und bislang einzigen Mal für einen Tag das »Maillot Jaune« überstreifen durfte, beendete Voigt an der Seite von Moreau eine 150 km lange Flucht mit drei Minuten Vorsprung vor dem Feld und 3:04 Minuten hinter Tagessieger Michael Rasmussen aus Dänemark. Im Gesamtklassement setzte sich Voigt 1:50 Minuten vor seinem Mitausreißer an die Spitze. Voigt genoss den Augenblick. »Ich denke, dass ich für diesen Kraftakt in den Alpen bezahlen muss. Aber dieser Moment ist das allemal wert«, sagte der gebürtige Mecklenburger, der vor vier Jahren auch eine Touretappe gewinnen konnte.

»Es war wohl meine letzte Chance auf dieses Trikot, denn ich bin kein Fahrer für die schweren Berge«. 20 km vor dem Ziel drohte der Traum durch einen Reifenschaden noch zu platzen, doch nicht zuletzt dank Moreaus Hilfe konnte er seinen Ausreißversuch fortsetzen.

le Tour de France
9. Etappe

Gérardmer - Mühlhausen

Sonntag, 10. Juli
171 km

Gérardmer
666 m

Col de Grosse Pierre 955 m
Col des Feignes 922 m
Col de Bramont 956 m
Le Grand Ballon 1338 m
Col de Bussang 731 m
Le Ballon d'Alsace 1171 m

Mühlhausen
245 m

VOSGES	HAUT-RHIN	VOSGES	HAUT-RHIN
0 6,5 22 32,5	64	98 115	171 km

AFP © sid

Der zweite Sturz des Jan U.

Eine erneute Schrecksekunde erlebte Jan Ullrich zu Beginn des zweiten Vogesen-Teilstücks. Der Toursieger von 1997 kam in einer Abfahrt nach der ersten Bergwertung zu Fall und zog sich Schürfwunden und Prellungen zu. »Ich bin bei Tempo 60 von einer Windböe erwischt worden und habe mich überschlagen. Aber bis auf ein paar Prellungen geht's mir gut«, sagte Ullrich.

Nach dem Sturz nahm der 31-Jährige mit 45 Sekunden Rückstand im Kreis seiner Teamkollegen die Verfolgung des Feldes auf und konnte kurze Zeit später wieder aufschließen. »Ich habe mich kurz mit Lance unterhalten und ihm einen schönen Ruhetag gewünscht. Er mir auch – und den kann ich jetzt auch ganz gut gebrauchen«, so Ullrich.

So blieben weitere Attacken der Magenta-Truppe auf Armstrongs Discovery-Team aus. Die Mannschaft des sechsmaligen Toursiegers hatte damit 24 Stunden nach ihrem kollektiven Einbruch auf dem Col de la Schlucht einen ruhigeren Arbeitstag und zeigte sich ständig an der Spitze des Feldes.

Deutsche in Gelb

18 Tage	Rudi Altig	1962/4, 1964/3, 1966/10, 1969/1
18 Tage	Jan Ullrich	1997/12, 1998/6
15 Tage	Dietrich Thurau	1977
4 Tage	Erich Bautz	1937
4 Tage	Karlheinz Kunde	1966
2 Tage	Rolf Wolfshohl	1968
2 Tage	Klaus-Peter Thaler	1978
2 Tage	Erik Zabel	1998/1, 2002/1
2 Tage	Jens Voigt	2001/1, 2005/1
1 Tag	Kurt Stöpel	1932
1 Tag	Willy Oberbeck	1938

≫ Tour-Tagebuch – 9. Etappe: Samstag, 10. Juli – Gérardmer – Mühlhausen (171 km)

1. Michael Rasmussen (RAB) 4:08:20 Stunden (41,3 km/h)
2. Christophe Moreau (C.A) 3:04 Minuten zurück, 3. Jens Voigt (CSC),
4. Stuart O'Grady (COF) 6:04 Minuten zurück, 5. Philippe Gilbert (FDJ),
6. Anthony Geslin (BTL), 7. Sebastian Lang (GST), 8. Laurent Brochard (BTL),
9. Jerome Pineau (BTL), 10. Gerrit Glomser (LAM)

11. Stefano Garzelli (LIQ), 12. Oscar Pereiro (PHO), 13. Christopher Horner (SDV), 14. Christophe Brandt (DVL), 15. Bert Grabsch (PHO), 16. Kurt Asle Arvesen (CSC), 17. Dario Frigo (FAS), 18. George Hincapie (DSC), 19. Eddy Mazzoleni (LAM), 20. Nicolas Portal (A2R), ... 24. Jaroslaw Popowitsch (DSC), 25. Jörg Ludewig (DOM), ... 28. Lance Armstrong (DSC), 29. Jan Ullrich (TMO), 31. Patrik Sinkewitz (QST), ... 33. Georg Totschnig (GST), ... 35. Alexander Winokurow (TMO), ... 37. Jose Azevedo (DSC), ... 39. Ivan Basso (CSC), ... 46. Bobby Julich (CSC), ... 48. Levi Leipheimer (GST), ... 59. Joseba Beloki (LSW), 60. Jose Enrique Gutierrez (PHO), 61. Santiago Botero (PHO), ... 64. Tobias Steinhauser (TMO), ... 68. Jörg Jaksche (LSW), ... 71. Daniele Nardello (TMO), ... 73. Andreas Klöden (TMO), 74. Floyd Landis (PHO), ... 80. Wladimir Karpets (IBA), 81. Carlos Sastre (CSC), 82. Ronny Scholz (GST), ... 84. Oscar Sevilla (TMO), ... 89. Pieter Weening (RAB) ... 91. Giuseppe Guerini (TMO), 92. Beat Zberg (GST), 93. Matthias Kessler (TMO) alle gleiche Zeit, ... 101. Igor Flores (EUS) 14:17, ... 111. Stephan Schreck (TMO) gleiche Zeit, ... 116. Michael Rich (GST) 19:06, ... 126. Peter Wrolich (GST), ... 136. Robert Förster (GST), ... 144. Tom Boonen (QST), ... 153. Fabian Wegmann (GST), ... 175. (Letzter) Daniel Becke (IBA) 25:46. – **Aufgegeben:** Jose Angel Gomez Marchante (SDV), Luciano Pagliarini (LIQ), Igor Gonzalez Galdeano (LSW), David Zabriskie (CSC), Jaan Kirsipuu (C.A) (175 von 180 Startern im Ziel klassiert)

Gesamtwertung (Gelbes Trikot): 1. Voigt 32:18:23 Stunden, 2. Moreau 1:50 Minuten zurück, 3. Armstrong 2:18, 4. Rasmussen 2:43, 5. Winokurow 3:20, 6. Julich 3:25, 7. Basso 3:44, 8. Ullrich 3:54, 9. Sastre 3:54, 10. Hincapie 4:05, 11. Klöden 4:08, 12. Landis 4:08, 13. Karpets 4:31, 14. Popowitsch 4:32, 15. Botero 4:36, 16. Leipheimer 4:49, 17. Azevedo 4:53, 18. Beloki 5:01, 19. Pereiro 5:12, 20. Gutierrez 5:16, ... 23. Jaksche 5:20, ... 35. Sevilla 6:28, ... 40. Weening 6:56,

... 42. Totschnig 7:11, ... 48. Guerini 7:47, 49. Brochard 7:58, 50. Sinkewitz 8:05, ... 56. Pineau 8:29, ... 62. O'Grady 9:11, ... 64. Ludewig 9:24, ... 67. Glomser 10:12, ... 69. Gilbert 10:41, ... 71. Zberg 10:58, ... 74. Kessler 12:15, ... 78. Scholz 13:21, ... 80. Lang 13:47, ... 83. Geslin 14:22 ... 86. Grabsch 16:15, ... 96. Nardello 19:32, ... 101. Schreck 21:13, ... 114. Steinhauser 28:24, ... 120. Wegmann 31:26, ... 125. Rich 34:10, ... 130. Boonen 35:35, ... 159. Wrolich 42:49, ... 161. Förster 43:34, ... 171. Becke 50:56, ... 175. (Letzter) Flores 1:12:25

Punktwertung (Grünes Trikot): 1. Boonen 133 Punkte, 2. Hushovd 128, 3. O'Grady 109, 4. McEwen 96, 5. Förster 75, 6. Furlan 73, 7. Voigt 70, ... 10. Wrolich 60, ... 15. Winokurow 51, ... 26. Ullrich 29, ... 28. Becke 29, ... 30. Lang 25, ... 38. Klöden 22, ... 49. Wegmann 16, ... 54. Armstrong 13, ... 66. Jaksche 7, ... 69. Grabsch 6

Bergwertung (Rot-Gepunktetes Trikot): 1. Rasmussen 88 Punkte, 2. Moreau 40, 3. Voigt 37, 4. Cioni 34, 5. Klöden 20, 6. Moos 20, 7. Vicioso 18, 8. Weening 18, 9. Botero 17, 10. Landaluze 17, ... 12. Ullrich 12, 13. Wegmann 10, ... 23. Scholz 3

Nachwuchsfahrer (Weißes Trikot): 1. Karpets 32:22:54 Stunden, 2. Popowitsch 0:01 Minuten zurück, 3. Valverde 1:11, 4. Contador 1:20, 5. Kaschetschkin 1:53, 6. Weening 2:25, 7. Sinkewitz 3:34, ... 19. Wegmann 26:55

Mannschaftswertung: 1. Team CSC/Dänemark 94:39:52 Stunden, 2. Rabobank/Niederlande 2:35 Minuten zurück, 3. T-Mobile Team/Deutschland 4:50, 3. Discovery/USA 4:58, 5. Phonak/Schweiz 6:02, 6. Liberty Seguros/Spanien 6:22, ... 8. Illes Balears/Spanien 8:16, ... 10. Team Gerolsteiner/Deutschland 10:13, ... 20. Quick Step/Belgien 25:24, 21. (Letzter) Domina Vacanze/Italien 32:41

Kämpfer des Tages: Michael Rasmussen

Komplette Starterliste Seite 110

Nach langer Alleinfahrt im Trikot des Bergbesten am Ziel seiner Wünsche: Michael Rasmussen vom niederländischen Rabobank-Team kam über drei Minuten vor den ersten Verfolgern und sechs Minuten vor dem Feld in Mühlhausen an.

Jan Ullrich nach seinem zweiten kapitalen Sturz wieder auf dem Rad. Er war bei Tempo 60 von einer Windböe aus der Kurve gedrückt worden.

König Lance regiert nach Belieben

Grenoble - Courchevel

Dienstag, 12. Juli

192,5 km

Courchevel

10. Etappe

Grenoble
220 m

Beaufort
727 m

Cormet-de-Roselend
1 967 m

Bourg-Saint-Maurice
862 m

Moûtiers
495 m

2000 m

ISÈRE — SAVOIE

0 — 96,5 — 118 — 138,5 — 164 — 192,5 km

»Lance ist entspannter als die letzten Jahre, aber das heißt nicht, dass seine Konzentration oder Motivation nachgelassen hat«, verkündete sein sportlicher Leiter Johan Bruyneel. Vielmehr erlebt man Armstrong so entschlossen wie eh und je: »Er allein hat entschieden, dieses Jahr noch mal anzutreten, aber nicht, um Zweiter zu werden.«

Als Lance Armstrong auf dem Podium lächelnd das Gelbe Trikot samt Küsschen der Hostessen entgegen nahm, war ein enttäuschter Jan Ullrich bereits auf dem Weg ins Teamhotel »Les Trois Vallées«. Alles gegeben, und fast alles verloren – der große Traum vom zweiten Toursieg, vom lang ersehnten Triumph über seinen US-Rivalen ist für den T-Mobile-Kapitän nach der ersten schweren Bergetappe so gut wie beendet.

Glückwunsch und Anerkennung von Lance Armstrong für den jungen Spanier Alejandro Valverde, der im Endspurt hinauf nach Courchevel vor dem »Dominator« gewann.

**Rechte Seite:
Spaniens Jungstar Alejandro Valverde in der Spitzengruppe vor Lance Armstrong (rechts) und dem Bergkönig Michael Rasmussen (links).**

»Das war kein Rieseneinbruch. Ich gebe nicht auf. Die Tour ist erst in Paris zu Ende«, meinte Ullrich und klammerte sich an das Prinzip Hoffnung. Dennoch kam auf der 2004 m hoch gelegenen Skistation wohl auch beim gebürtigen Rostocker die Erkenntnis, dass der sechsmalige Toursieger Armstrong auch in diesem Jahr kaum zu schlagen ist. »Es ärgert mich schon, dass ich nicht dranbleiben konnte. Ich fühlte mich eigentlich ganz gut, aber bei der Attacke von Armstrong musste ich abreißen lassen«, schilderte Ullrich die entscheidende Szene der wegen einer Demonstration auf 177,5 km verkürzten zehnten Etappe von Grenoble nach Courchevel.

Zehn Kilometer vor dem Ziel trat Armstrong an und ließ Ullrich praktisch stehen. »Die Schmerzen an der Rippe haben mich sicherlich gehandicapt. Aber ich weiß gar nicht, ob sie mich am Schlussanstieg behindert haben. Ich wäre wohl auch so nicht drangeblieben«. 2:14 Minuten betrug der Rückstand im Ziel auf Armstrong, der im Schlussspurt nur vom spanischen Jungstar Alejandro Valverde geschlagen wurde.

**Da muss ich noch rauf:
Jörg Jaksche versuchte es mit einem Alleingang, wurde aber von Lance Armstrong und seinen Begleitern wieder eingeholt.
Jan Ullrich quält sich mit einer schmerzhaften Rippenprellung den schweren Anstieg nach Courchevel hinauf.**

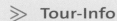

> ## Tour-Info

10. Etappe Grenoble – Courchevel

Im ehemaligen Königreich Burgund startet die Tour-Karawane ihre Expedition in die Alpen. Im Startort Grenoble gastiert die Tour zum 38. Mal. Nur Bordeaux (78), Pau (57), Luchon (49) und Metz (40) waren häufiger Gastgeber der Frankreich-Rundfahrt. Die Olympiastadt von 1968, benannt nach dem antiken Gratianopolis, ist Partnerstadt von Essen und Heimat vieler historischer Bauwerke aus zahlreichen Epochen seit der Gründung im 4. Jahrhundert. Der mondäne Skiort Courchevel im östlichen Teil der »Drei Täler« mit insgesamt 600 km Skipisten ist seit 1997 zum dritten Mal Tour-Ort.

Im Gesamtklassement ist Ullrich als Achter 4:02 Minuten zurück und bester T-Mobile-Fahrer, denn der hoch gehandelte Alexander Winokurow erlebte seinen persönlichen Einbruch und büßte gleich 5:18 Minuten ein. »Dafür habe ich erst einmal keine Erklärung«, sagte der designierte Teamchef Olaf Ludwig. So flüchtete Winokurow wortlos ins Teamhotel, und auch Andreas Klöden war sichtlich angefressen. Der Vorjahreszweite wurde von der Teamleitung zu Ullrich zurückbeordert und verpasste als Tagesneunter eine bessere Platzierung.

Enttäuschung bei T-Mobile, große Freude dagegen im Lager von Armstrong. »Das war ein großer Tag für uns. Das Team hat super gearbeitet und ich hatte gute Beine. Ich bin sehr stolz«, meinte der 33-Jährige, warnte aber auch zugleich: »Wir müssen noch vorsichtig sein. Ich bin der Letzte, der T-Mobile abschreibt. Sie hatten einen schlechten Tag. Sie sind aber immer noch gefährlich und werden wieder angreifen.«

Es war eine Demonstration der Stärke von Armstrong auf dem 21,8 km langen Schlussanstieg mit durchschnittlich 6,3 Prozent Steigung. Nur die beiden Spanier Valverde und Francisco Mancebo sowie der Däne Michael Rasmussen konnten das hohe Tempo von Armstrong mitgehen. Mitfavorit Ivan Basso verlor als Fünfter eine knappe Minute, Gerolsteiner-Profi Levi Leipheimer (1:14) landete auf Rang sechs.

Mit hohem Tempo war das Armstrong-Team in den 21,8 km langen Schlussanstieg nach Courchevel gefahren und hatte damit zunehmend für eine Verkleinerung der Spitzengruppe gesorgt. Erst musste CSC-Profi Voigt im Gelben Trikot abreißen lassen, dann verloren auch die im Vorfeld hoch gehandelten Spanier Iban Mayo, Roberto Heras und Joseba Beloki schnell den Anschluss.

Berg-Bilanz: Ullrich immer hinter Armstrong
Lance Armstrong hat wie in den vergangenen Jahren im Duell mit Jan Ullrich gleich bei der ersten Bergankunft für eine Vorentscheidung gesorgt. 2:14 Minuten knöpfte der Kapitän vom Team Discovery Channel auf der Etappe von Grenoble nach Courchevel seinem deutschen Rivalen ab.
Ähnlich war es auch in den vergangenen Jahren, als der Texaner jeweils bei der ersten Bergankunft mindestens eine Minute schneller als Ullrich war. Der Vorsprung von Armstrong auf Ullrich bei der ersten Bergankunft und im Gesamtklassement in den letzten Jahren:

2000 in Lourdes:	3:19/4:14*
2001 in L'Alpe d'Huez:	1:59/2:34
2003 in L'Alpe d'Huez:	1:24/2:10
2004 in La Mongie:	2:30/3:37
2005 in Courchevel:	2:14/4:02

* Vorsprung im Ziel/... in der Gesamtwertung

≫ Tour-Tagebuch – 10. Etappe: Dienstag, 12. Juli Grenoble – Courchevel (auf 177,5 km verkürzt)

1. Alejandro Valverde (IBA) 4:50:35 Stunden (39,7 km/h)
2. Lance Armstrong (DSC), 3. Michael Rasmussen (RAB) 0:09 Minuten zurück,
4. Francisco Mancebo (IBA), 5. Ivan Basso (CSC) 1:02, 6. Levi Leipheimer (GST) 1:15
7. Eddy Mazzoleni (LAM) 2:14, 8. Cadel Evans (DVL), 9. Andreas Klöden (TMO),
10. Andrej Kaschetschkin (C.A)

11. Floyd Landis (PHO), 12. Leonardo Piepoli (SDV), 13. Jan Ullrich (TMO) alle gleiche Zeit, 14. Jörg Jaksche (LSW) 2:19, 15. Santiago Botero (PHO) 2:50, 16. Christophe Moreau (C.A) 2:58, 17. Stefano Garzelli (LIQ) 3:44, 18. Kim Kirchen (FAS) 3:59, 19. Jaroslaw Popowitsch (DSC), 20. Christopher Horner (SDV) beide gleiche Zeit, ... 23. Carlos Sastre (CSC) 4:49, ... 24. Alexander Winokurow (TMO) 5:18, 25. Bobby Julich (CSC) gleiche Zeit, 5:18, 26. Joseba Beloki (LSW) 5:36, ... 28. Georg Totschnig (GST) 6:38, ... 35. Giuseppe Guerini (TMO), 36. Oscar Sevilla (TMO) beide gleiche Zeit, ... 40. Jörg Ludewig (DOM) 9:07, ... 59. Tobias Steinhauser (TMO) 14:04, ... 68. Patrik Sinkewitz (QST) 16:31, ... 75. Stephan Schreck (TMO), 76. Daniele Nardello (TMO) beide gleiche Zeit, ... 78. Matthias Kessler (TMO) 19:54, ... 80. Beat Zberg (GST) 21:31, 81. Fabian Wegmann (GST), ... 90. Ronny Scholz (GST), ... 92. Sebastian Lang (GST) alle gleiche Zeit, ... 107. Jens Voigt (CSC) 31:29, ... 123. Michael Rich (GST) 38:11, ... 130. Robert Förster (GST), 131. Peter Wrolich (GST), ... 134. Bert Grabsch (PHO), ... 142. Tom Boonen (QST), 143. Daniel Becke (IBA), ... 169. Igor Flores (EUS), ... 173. (Letzter) Karsten Kroon (RAB) alle gleiche Zeit. – **Aufgegeben:** Gerrit Glomser (LAM) – **Ausgeschlossen:** Jewgeni Petrow (LAM, erhöhter Hämatokritwert) (173 von 175 Startern im Ziel klassiert)

Gesamtwertung (Gelbes Trikot): 1. Armstrong 37:11:04 Stunden, 2. Rasmussen 0:38 Minuten zurück, 3. Basso 2:40, 4. Moreau 2:42, 5. Valverde 3:16, 6. Leipheimer 3:58, 7. Mancebo 4:00, 8. Ullrich 4:02, 9. Klöden 4:16, 10. Landis 4:16, 11. Botero 5:20, 12. Jaksche 5:33, 13. Evans 5:55, 14. Popowitsch 6:25, 15. Kaschetschkin 6:32, 16. Winokurow gleiche Zeit, 17. Julich 6:37, 18. Sastre gleiche Zeit, 19. Garzelli 8:04, 20. Kirchen 8:15, ... 22. Mazzoleni 8:46, ... 29. Sevilla

11:00, 30. Totschnig 11:43, ... 33. Guerini 12:19, ... 47. Ludewig 16:25, ... 57. Sinkewitz 22:30, ... 72. Voigt 29:23, ... 74. Kessler 30:03, 75. Zberg 30:23, ... 82. Scholz 32:46, 83. Lang 33:12, ... 86. Nardello 33:57, ... 89. Schreck 35:38, ... 96. Steinhauser 40:22, ... 105. Wegmann 50:51, 106. Grabsch 52:20, ... 130. Rich 1:10:15 Stunden, ... 134. Boonen 1:11:40, ... 158. Kroon 1:18:42, ... 160. Wrolich 1:18:54, ... 162. Förster 1:19:39, ... 170. Becke 1:27:01, ... 173. (Letzter) Flores 1:48:30

Punktwertung (Grünes Trikot): 1. Boonen 133 Punkte, 2. Hushovd 128, 3. O'Grady 109, 4. McEwen 96, 5. Förster 75, 6. Furlan 73, 7. Voigt 70, ... 9. Wrolich 60, ... 17. Winokurow 51, ... 25. Ullrich 32, 26. Armstrong 30, ... 28. Klöden 29, ... 30. Becke 29, ... 33. Lang 25, ... 49. Wegmann 16, ... 66. Jaksche 9, ... 74. Grabsch 6

Bergwertung (Rot-Gepunktetes Trikot): 1. Rasmussen 110 Punkte, 2. Moreau 40, 3. Voigt 37, 4. Cioni 34, 5. Valverde 30, 6. Armstrong 26, 7. Klöden 20, 8. Moos 20, 9. Mancebo 18, 10. Vicioso 18, ... 19. Ullrich 12, ... 22. Wegmann 10, ... 35. Jaksche 5, ... 38. Scholz 3.

Nachwuchsfahrer (Weißes Trikot): 1. Valverde 37:14:20 Stunden, 2. Popowitsch 3:09 Minuten zurück, 3. Kaschetschkin 3:16, 4. Karpets 5:47, 5. Contador 7:07, 6. Iglinskj 9:52, ... 9. Sinkewitz 19:14, ... 17. Wegmann 47:35

Mannschaftswertung: 1. Team CSC/Dänemark 109:22:46 Stunden, 2. T-Mobile Team/Deutschland 3:27 Minuten zurück, Rabobank/Niederlande 2:35, 3. Illes Balears/Spanien 3:54, 4. Phonak/Schweiz 7:26, 5. Discovery Channel/USA 8:04, 6. Liberty Seguros/Spanien 9:46, ... 10. Team Gerolsteiner 28:28, ... 19. Domina Vacanze/Italien 58:48, ... 21. (Letzter) Quick Step/Belgien 1:13:54

Kämpfer des Tages: Laurent Brochard

Komplette Starterliste Seite 110

Mit Wut im Bauch zum Etappensieg

Alexander Winokurow ist ein sehr ehrgeiziger Sportler, kommt gut über die Berge, kann Zeitfahren, sich quälen – und ist eher wortkarg. Für seinen Einbruch bei der ersten Bergankunft hatte er keine Erklärung. Dafür zeigte er beim »Ritt über den Galibier« mit einer 140-km-Flucht, dass man ihn nicht abschreiben darf.

Auf dem Weg zum Gipfel führt der spätere Sieger Alexander Winokurow (rechts) die Ausreißergruppe an. Dem Mann im Meistertrikot Kasachstans folgen die Spanier Oscar Pereiro und Egoi Martinez sowie der Kolumbianer Santiago Botero.

Courchevel - Briançon

Mittwoch, 13. Juli

173 km

11. Etappe

Courchevel 1 374 m

Col de la Madeleine 2 000 m

Col du Télégraphe 1 566 m

Col du Galibier 2 645 m

Briançon 1 237 m

SAVOIE

HAUTES-ALPES

0   55   110   133   173 km

Momentaufnahmen eines Sturzes. Oscar Pereiro wurde auf einer Abfahrt aus der Kurve getragen, fiel aber relativ weich und konnte die Fahrt bald fortsetzen.

Santiago Botero und Alexander Winokurow blieben aus der Spitzengruppe übrig und strebten gemeinsam auf der Abfahrt dem Ziel entgegen.

>> Tour-Info

11. Etappe Courchevel – Briançon
Die erste von zwei »Königs-Etappen« in diesem Jahr führt über die Klassiker-Riesen der Savoyer und Hoch-Alpen, darunter das »Dach der Tour 2005«, den 2645 m hohen Galibier. Zwei Bergwertungen der höchsten und eine der ersten Kategorie sind zu bewältigen. Vor dem Galibier bauen sich der Col de la Madeleine (2000 m) und der Col du Télégraphe (1566 m) vor den Fahrern auf. In Courchevel wird erstmals die Tour gestartet, in Briançon gastiert sie zum 32. Mal seit 1922. Der Galibier wird zum 53. Mal überfahren.

Auf dem Zielstrich in Briançon konnte Alexander Winokurow seine Emotionen nicht mehr zurückhalten, aber schon wenige Minuten später bei der Siegerehrung war er wieder ganz beherrscht: Ein lauter Schrei im Moment des Erfolges musste genügen, um der Enttäuschung des Vortags Luft zu machen – der große Freudenausbruch blieb dagegen aus. Die mit einem Husarenritt gewonnene Etappe über das »Dach der Tour« war für den 31-jährigen T-Mobile-Fahrer im Trikot des kasachischen Meisters schlicht »ein schöner Sieg« und auch sonst gab sich der Kasache gewohnt unterkühlt: »Wer im Sattel sitzen bleibt, kann die Tour nicht gewinnen. Wir wollen die Tour gewinnen, also müssen wir angreifen.«
Zwar kam die Mannschaft um Kapitän Jan Ullrich und »Speerspitze« Winokurow dem Toursieg nur unwesentlich näher, doch nach der Schlappe von Courchevel war der erste Magenta-Sieg seit 2003 wichtig fürs Selbstwertgefühl. »Unsere Taktik ist voll aufgegangen, und ein Sieg ist doch immer das Schönste«, freute sich Ullrich über den Erfolg des Teamkollegen, der mit einer 140 km langen Attacke bei der Fahrt über den 2645 m hohen Galibier erfolgreich war: »Das war wirklich eine tolle Leistung von Wino. Und auch bei mir lief's gut.«

Ullrich war 1:15 Minuten nach Winokurow ins Ziel des zweiten Alpen-Teilstücks gekommen – gemeinsam mit Spitzenreiter Lance Armstrong, der ihm 24 Stunden zuvor noch über zwei Minuten abgenommen hatte. »Wichtig war, nicht weitere Zeit zu verlieren«, sagte der Toursieger von 1997. Derweil verkürzte Winokurow seinen Rückstand auf das Gelbe Trikot nach 173 km zwischen Courchevel und Briançon auf 4:47 Minuten: »Fast fünf Minuten auf Lance sind natürlich immer noch sehr viel, aber auch er kann wie 2003 mal einen schlechten Tag haben«, meint »Wino«. »Wir müssen optimistisch bleiben und weiter auf Angriff fahren. Beim nächsten Mal attackiert vielleicht Jan oder Andreas.«
T-Mobile übernahm auf dem schweren Teilstück von Beginn an die Initiative. Schon nach 30 km setzte sich Winokurow mit einer achtköpfigen Fluchtgruppe ab und ließ im weiteren Verlauf einen Mitausreißer nach dem anderen hinter sich. 10 km unterhalb des Galibier-Gipfels löste er sich auch von seinem letzten Begleiter Santiago Botero, der aber in der anschließenden Abfahrt wieder zurückkam und sich erst im Schlussspurt Winokurow geschlagen geben musste.

Tour-Splitter
MASSSTÄBE: Der durchschnittliche Tour-Fahrer ist 1,79 m groß, 71 kg schwer, hat 50 Pulsschläge pro Minute und ein Lungenvolumen von 5,69 Litern. Das ergab die Analyse der 189 Starter, von denen der Franzose Samuel Dumoulin mit 1,58 m der kleinste und der Belgier Johan van Summeren mit 1,98 m der größte ist. Leichtgewichtler ist der Italiener Leonardo Piepoli (57 kg), 95 kg Kampfgewicht hat der Schwede Magnus Backstedt. Den »längsten Atem« haben Mikel Astarloa (Spanien) und Christophe Moreau (Frankreich) mit je 7,66 l. 35er-Ruhepuls haben Chris Horner (USA) und Laurent Lefevre (Frankreich).

Im Wiegetritt den Berg hinauf. An der Spitze des Hauptfeldes präsentieren sich Lance Armstrong im Gelben Trikot, Michael Rasmussen im rot-gepunkteten Trikot und links Thomas Voeckler, der nach der zweiten Etappe für einen Tag das Bergtrikot trug.

Unfreiwilliges Ende für Voigt

In Mühlhausen war Jens Voigt noch der strahlende Held im Gelben Trikot, drei Tage später erlebte der Berliner seine persönliche »Höllentour«. Völlig entkräftet von einer schweren Bronchitis erreichte der Berliner auf der Bergetappe von Courchevel nach Briançon mit einem Rückstand von 46:43 Minuten das Ziel und fiel damit um nur 41 Sekunden aus dem Zeitlimit. Wie 2003 – als er ebenfalls erkrankt war – muss Voigt damit die Tour de France vorzeitig beenden.

Erst im Teamhotel erfuhr der 33-Jährige von dem unfreiwilligen Ende. Zuvor hatte er sich tapfer über den Col de la Madeleine, den Col du Télégraphe und den Col du Galibier gekämpft, den Anschluss an das »Grupetto« aber nicht halten können.

Dabei hatte die Tour so gut für Jens Voigt begonnen. Beim Auftaktzeitfahren war er als Achter bester Deutscher und verpasste mit seinem CSC-Team im Mannschaftszeitfahren nur wegen des Sturzes von David Zabriskie den Tagessieg. Auf der Etappe nach Mühlhausen schlug dann seine Stunde, als er nach einer geglückten Flucht den zweiten Platz belegte und ins Gelbe Trikot schlüpfte.

Am Ruhetag in Grenoble fuhr Voigt stolz das Maillot Jaune spazieren, doch einen Tag später musste er seinen Anstrengungen Tribut zollen. Voigt hatte sich bereits mit einer Bronchitis nach Courchevel hochgekämpft und eine halbe Stunde eingebüßt.

Valverde heißt die neue Tour-Hoffnung Spaniens

Das Lob kam von höchster Stelle. »Vielleicht haben wir hier die Zukunft des Radsports gesehen. Er ist jung, er ist schnell, er ist stark.«, sagte der sechsmalige Toursieger Lance Armstrong über den Spanier Alejandro Valverde. Der 25-Jährige hatte bei der Bergankunft in Courchevel nicht nur dem überfallartigen Antritt des Amerikaners standgehalten, sondern auch noch den Tagessieg und das Weiße Trikot des besten Nachwuchsfahrers geholt. Auf dem Weg über die drei Alpenriesen nach Briançon blieb Valverde immer in Armstrongs Nähe.

»Das sind die Momente, für die man das ganze Jahr hart arbeitet. Ich wollte hier unbedingt eine Etappe gewinnen. Was für ein großartiger Sieg«. An seiner Rolle im Team habe dieser Erfolg aber nichts geändert. »Francisco Mancebo ist der Kapitän. Ich werde weiter für ihn arbeiten«, ergänzte »Ale«, wie ihn seine Freunde nennen.

Valverde ist die große Hoffnung Spaniens. Nach seinem dritten Platz im ersten Profijahr bei der Spanien-Rundfahrt 2003 wurde der in Murcia geborene Allrounder bereits als designierter Nachfolger des fünfmaligen Tour-Champions Miguel Indurain gefeiert. Das geht Valverde allerdings zu weit: »So schnell geht es nicht. Ich bin hier, um zu lernen.« Schließlich debütiert der Profi des Teams Illes Balears bei der Tour.

Valverde hat in seiner jungen Profi-Karriere schon Beachtliches geleistet: Vize-Weltmeister 2003 und drei Etappensiege bei der Vuelta. 2004 holte er 15 Saisonsiege, in diesem Jahr sind es schon wieder sechs. Dabei profitierte er davon, dass er nicht nur gut über die Berge kommt, sondern auch ein exzellenter Sprinter ist.

≫ Tour-Tagebuch – 11 Etappe: Mittwoch, 13. Juli – Courchevel – Briançon (173 km)

1. Alexander Winokurow (TMO) 4:47:38 Stunden (36,1 km/h)
2. Santiago Botero (PHO), 3. Christophe Moreau (C.A) 1:15 Minuten zurück,
4. Bobby Julich (CSC), 5. Eddy Mazzoleni (LAM), 6. Lance Armstrong (DSC),
7. Cadel Evans (DVL), 8. Levi Leipheimer (GST), 9. Michael Rasmussen (RAB),
10. Georg Totschnig (GST)

11. Alejandro Valverde (IBA), 12. Jaroslaw Popowitsch (DSC), 13. Ivan Basso (CSC), 14. Michael Rogers (QST), 15. Jan Ullrich (TMO), 16. Francisco Mancebo (IBA), 17. Jörg Jaksche (LSW), 18. Andrej Kaschetschkin (C.A), 19. Floyd Landis (PHO), 20. Andreas Klöden (TMO), ... 22. Carlos Sastre (CSC), ... 27. Giuseppe Guerini (TMO) alle gleiche Zeit, ... 38. Matthias Kessler (TMO) 16:10, ... 40. Oscar Sevilla (TMO) 17:02, ... 50. Beat Zberg (GST) 27:16, ... 66. Jörg Ludewig (DOM) 31:15, 67. Bert Grabsch (PHO), ... 77. Sebastian Lang (GST), ... 84. Patrik Sinkewitz (QST), ... 87. Fabian Wegmann (GST), ... 89. Tobias Steinhauser (TMO), ... 91. Stephan Schreck (TMO), ... 94. Ronny Scholz (GST), ... 97. Daniele Nardello (TMO), ... 105. Igor Flores (EUS) alle gleiche Zeit, ... 125. Tom Boonen (QST) 39:46, ... 131. Peter Wrolich (GST), 132. Michael Rich (GST), 133. Daniel Becke (IBA), ... 137. Robert Förster (GST), ... 167. (Letzter) Unai Etxebarria (EUS) 39:46. – **Ausgeschlossen (Zeitlimit 46:02 Minuten Rückstand):** Jens Voigt (CSC) 46:43, Kevin Hulsmans (QST) 48:29. – **Aufgegeben:** Kim Kirchen (FAS), Jean-Patrick Nazon (A2R), Stefano Zanini (QST). – **Nicht gestartet:** Dario Frigo (FAS) polizeiliche Festnahme wegen Verdachts auf Drogenschmuggel

Gesamtwertung (Gelbes Trikot): 1. Armstrong 41:59:57 Stunden, 2. Rasmussen 0:38 Minuten zurück, 3. Moreau 2:34, 4. Basso 2:40, 5. Valverde 3:16, 6. Botero 3:48, 7. Leipheimer 3:58, 8. Mancebo 4:00, 9. Ullrich 4:02, 10. Klöden 4:16, 11. Landis gleiche Zeit, 12. Winokurow 4:47, 13. Jaksche 5:33, 14. Evans 5:55, 15. Popowitsch 6:25, 16. Kaschetschkin 6:32, 17. Julich 6:37, 18. Sastre gleiche Zeit, 19. Mazzoleni 8:46, 20. Rogers 9:10, ... 22. Totschnig 11:43, ... 24. Guerini 12:19, ... 35. Sevilla 26:47, ... 47. Kessler 44:58, ... 51. Ludewig 46:25, ... 59. Sinkewitz 52:30, ...

64. Zberg 56:24, ... 78. Scholz 1:02:46 Stunde, 79. Lang 1:03:12, ... 82. Nardello 1:03:57, ... 85. Schreck 1:05:38, ... 90. Steinhauser 1:10:22, ... 101. Wegmann 1:20:51, ... 104. Grabsch 1:22:20, ... 133. Rich 1:48:46, ... 137. Boonen 1:50:11, ... 153. Etxebarria 1:56:36, ... 160. Wrolich 1:57:25, 161. Förster 1:58:10, ... 165. Becke 2:05:32, ... 167. (Letzter) Flores 2:18:30

Punktwertung (Grünes Trikot): 1. Boonen 133 Punkte, 2. Hushovd 128, 3. O'Grady 109, 4. McEwen 96, 5. Winokurow 81, 6. Förster 75, ... 10. Wrolich 60, ... 21. Armstrong 40, ... 25. Ullrich 33, ... 27. Klöden 29, ... 29. Becke 29, ... 31. Lang 25, ... 49. Wegmann 16, ... 63. Jaksche 9, ... 72. Grabsch 6

Bergwertung (Rot-Gepunktetes Trikot): 1. Rasmussen 160 Punkte, 2. Moreau 89, 3. Botero 88, 4. Winokurow 71, 5. Armstrong 40, 6. Cioni 34, 7. Valverde 30, 8. Azevedo 30, 9. Pereiro 27, 10. Savoldelli 25, 11. Klöden 20, ... 17. Jaksche 17, ... 28. Ullrich 12, ... 32. Wegmann 10, ... 45. Scholz 3

Nachwuchsfahrer (Weißes Trikot): 1. Valverde 42:03:13 Stunden, 2. Popowitsch 3:09 Minuten zurück, 3. Kaschetschkin 3:16, 4. Contador 16:19, 5. Iglinskj 25:39, 6. Karpets 44:18, ... 9. Sinkewitz 49:14, ... 17. Wegmann 1:17:35 Stunden

Mannschaftswertung: 1. Team CSC/Dänemark 123:49:25 Stunden, 2. T-Mobile Team/Deutschland 2:12 Minuten zurück, 3. Illes Balears/Spanien 3:54, 4. Discovery Channel/USA 8:04, 5. Phonak/Schweiz 12:29, 6. Credit Agricole/Frankreich 18:06, ... 7. Liberty Seguros/Spanien 34:45, 8. Team Gerolsteiner/Deutschland 55:08, ... 20. Domina Vacanze/Italien 2:14:35 Stunden, ... 21. (Letzter) Quick Step/Belgien 2:22:25

Kämpfer des Tages: Alexander Winokurow
Komplette Starterliste Seite 110

Doppelerfolg am Nationalfeiertag

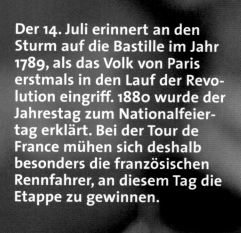

Der 14. Juli erinnert an den Sturm auf die Bastille im Jahr 1789, als das Volk von Paris erstmals in den Lauf der Revolution eingriff. 1880 wurde der Jahrestag zum Nationalfeiertag erklärt. Bei der Tour de France mühen sich deshalb besonders die französischen Rennfahrer, an diesem Tag die Etappe zu gewinnen.

Geschafft! David Moncoutie schließt am Nationalfeiertag eine tolle Alleinfahrt als Sieger ab. Knapp eine Minute Vorsprung hat er vor seinen nächsten Verfolgern.

Unterwegs grüßen die Fans vor allem die einheimischen Fahrer mit der französischen Fahne (oben).

Sandy Casar im weiß-blauen Trikot macht den Doppelerfolg der Franzosen als Sprintsieger der ersten Verfolgergruppe vor dem Spanier Angel Vicioso perfekt (Mitte).

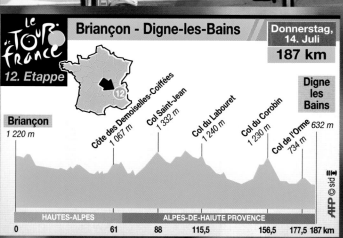

le TOUR de France
12. Etappe

Briançon - Digne-les-Bains

Donnerstag, 14. Juli

187 km

Briançon
1 220 m

Côte des Demoiselles-Coiffées
1 067 m

Col Saint-Jean
1 332 m

Col du Labouret
1 240 m

Col du Corobin
1 230 m

Col de l'Orme
734 m

Digne les Bains
632 m

HAUTES-ALPES | ALPES-DE-HAUTE PROVENCE

0   61   88   115,5   156,5   177,5 187 km

Aus für den Belgier Tom Boonen. Wegen Sturzverletzungen gab er als Spitzenreiter in der Punktwertung um das Grüne Trikot auf. (unten)

Einen ruhigen Tag verbrachten die Favoriten im Hauptfeld. Angeführt wird das Feld vom Team Discovery Channel um den Mann in Gelb, Lance Armstrong. Unmittelbar dahinter die T-Mobile-Fahrer mit Kapitän Jan Ullrich. Links im Vorderfeld der »Bergkönig« Michael Rasmussen (rechts).

Die Favoriten einigten sich auf einen Nichtangriffspakt und überließen am Nationalfeiertag den Franzosen die Show. Auf der letzten Alpenetappe durfte die »Grande nation« jubeln, als David Moncoutie für den ersten französischen Etappensieg 2005 sorgte und Sandy Casar das französische Erfolgserlebnis mit dem zweiten Platz komplettierte.

»Es war wichtig für Frankreich, dass wir diese Etappe gewonnen haben. Ich habe alles gegeben, die letzten 15 Kilometer waren sehr hart. Ich bin überglücklich, ein Tour-Etappensieg ist immer etwas Besonderes«, sprudelte es aus Moncoutie hervor, der 2004 bereits das Teilstück nach Figeac gewann.

Der 30 Jahre alte Cofidis-Fahrer bewahrte die Franzosen vor einem ähnlichen Szenario wie 1999, als bis zum Feiertag am 14. Juli kein Fahrer aus der Heimat eine Etappe gewinnen konnte. Stattdessen avancierte Moncoutie am Nationalfeiertag zum 15. französischen Etappensieger in der Tour-Geschichte. Letztmals war dieses Kunststück dem früheren Bergkönig Richard Virenque im Vorjahr gelungen.

Lance Armstrong, Jan Ullrich und alle anderen Favoriten ließen es indes gemächlich angehen und erreichten mit dem Hauptfeld 10:33 Minuten zurück das Ziel. »Ich konnte mich schonen. Das Profil war zwar wellig, aber wir konnten gleichmäßig fahren«, meinte Ullrich, der im Gesamtklassement weiter mit einem Rückstand von 4:02 Minuten auf Armstrong den neunten Platz belegt. Hartnäckigster Armstrong-Verfolger bleibt vor den Pyrenäen-Etappen der Däne Michael Rasmussen mit einem Rückstand von 38 Sekunden. Am Nationalfeiertag legten sich die Franzosen fast schon traditionsgemäß ins Zeug. »Die einheimischen

>> **Tour-Info**

12. Etappe Briançon – Digne-les-Bains
Am französischen Nationalfeiertag führt die letzte Alpenetappe über fünf Bergpässe, die aber nicht mehr ganz so hoch wie in den vergangenen Tagen sind. Zum 11. Mal gastiert das Fahrerfeld in Digne-les-Bains. Zuletzt gewann 1969 im Zentrum der Lavendel-Region Belgiens Radsport-Idol Eddy Merckx. Das einst römische Dinia an der Route Napoleon war am 4. März 1815 Nachtlager des entmachteten französischen Kaisers, der aus der Verbannung nach Elba mit 1200 Soldaten durch die Alpen nach Paris zurückkehrte.

Fahrer haben alles versucht und durch ihre ständigen Attacken das Rennen schwer gemacht. Erst als die Gruppe weg war, konnten wir es ruhiger angehen lassen«, sagte Gerolsteiner-Profi Levi Leipheimer, der in der Gesamtwertung 3:58 Minuten zurück auf einem hervorragenden siebten Platz liegt.

In der entscheidenden Fluchtgruppe war auch Tour-Debütant Stephan Schreck vom T-Mobile-Team vertreten. Am Col du Corobin, einem Berg der zweiten Kategorie, musste der Erfurter allerdings den Kontakt abreißen lassen. »Da sind mir die Beine explodiert«, sagte Schreck: »Meine Aufgabe war es, mit den Fluchtgruppen mitzuspringen. Das ist mir im entscheidenden Moment gelungen.«

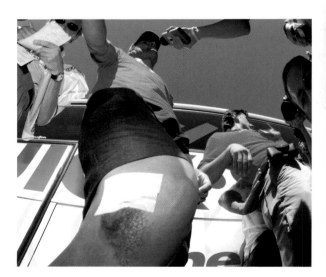

Für Sprint-Ass Tom Boonen, dem bisherigen Träger des Grünen Trikots, ist die Tour dagegen beendet. Der 24 Jahre alte Belgier trat zum Start in Briançon wegen Kniebeschwerden nicht mehr an. Boonen war auf dem elften Teilstück kurz nach dem Start in einer Abfahrt gestürzt. Damit war für den Norweger Thor Hushovd der Weg ins Grüne Trikot frei. Ebenfalls ausgestiegen ist Armstrong-Helfer Manuel Beltran.

Wanderzirkus »Tour« größte Open-Air-Veranstaltung der Welt

1,5 Tonnen Mineralwasser, 800 Bananen, 360 Liter Sojamilch, 15 Kilogramm Waschmittel und, und, und ... Nein, die Rede ist nicht von der Warenfuhre einer Supermarktkette. Die Auflistung gibt lediglich einen Bruchteil der Grundausstattung eines Radrennstalls bei der Tour de France wieder.

Während Jan Ullrich und Co. drei Wochen lang um Gelbe, Grüne und Gepunktete Trikots kämpfen, muss im Hintergrund ein Rädchen ins andere greifen. Die Frankreich-Rundfahrt ist der größte Wanderzirkus der Welt, jedes Jahr ein bisschen gigantischer und professioneller.

18-mal wechseln die Teams während der Frankreich-Rundfahrt ihr Hotel. Dabei muss der gesamte Tross täglich bis zu 300 km zurücklegen. »Die Planungen beginnen im Dezember und enden eigentlich erst, wenn der letzte Teamwagen wenige Tage vor dem Tourstart vom Hof gefahren ist. Dabei sind die letzten anderthalb Wochen die Hölle«, berichtet Theo Maucher, seit vier Jahren beim Team Gerolsteiner für die Logistik zuständig. Die Kosten belaufen sich in den drei Wochen auf bis zu 120.000 Euro. Insgesamt 22 Personen (Sportliche Leiter, Ärzte, Betreuer, Mechaniker, Helfer, etc.) kümmern sich bei Gerolsteiner und T-Mobile darum, dass die jeweils neun Fahrer unter bestmöglichen Bedingungen Paris erreichen. Der Fuhrpark umfasst dabei rund 15 Fahrzeuge, vom Teambus bis zum Pressewagen.

Wenn die Open-Air-Veranstaltung »Tour« im Juli eines Jahres durch Frankreich zieht, ist praktisch eine Kleinstadt auf den Beinen. 1200 Journalisten, 1000 Techniker, 70 Rundfunkstationen, 1600 Fahrzeuge und etwa 4000 Beschäftigte vom Direktor bis zum Fahrer des Besenwagens sind bei der »Großen Schleife« unterwegs.

≫ Tour-Tagebuch – 12. Etappe: Donnerstag, 14. Juli – Briançon – Digne-les-Bains (187 km)

1. David Moncoutie (COF) 4:20:06 Stunden (43,1 km/h)
2. Sandy Casar (FDJ) 0:57 Minuten zurück, 3. Angel Vicioso (LSW), 4. Patrice Halgand (C.A),
5. Jose Luis Arrieta (IBA), 6. Franco Pellizotti (LIQ), 7. Axel Merckx (DVL),
8. Juan Manuel Garate (SDV), 9. Thor Hushovd (C.A) 3:15 Minuten zurück,
10. Stuart O'Grady (COF)

11. Massimo Giunti (FAS), 12. Stephan Schreck (TMO) 3:18, 13. Giovanni Lombardi (CSC) 3:21, 14. Robbie McEwen (DVL) 10:33, 15. Peter Wrolich (GST), 16. Janek Tombak (COF), 17. Sebastien Hinault (C.A), 18. Fred Rodriguez (DVL), 19. Jurj Kriwtsow (A2R), 20. Philippe Gilbert (FDJ), ... 26. Jörg Ludewig (DOM), ... 29. Bert Grabsch (PHO), ... 35. Cadel Evans (DVL), ... 40. Francisco Mancebo (IBA), 41. Lance Armstrong (DSC), 42. Jaroslaw Popowitsch (DSC), 43. Ivan Basso (CSC), 44. Christophe Moreau (C.A), ... 46. Michael Rasmussen (RAB), ... 49. Andreas Klöden (TMO), 50. Jan Ullrich (TMO), ... 52. Georg Totschnig (GST), 53. Bobby Julich (CSC), 54. Santiago Botero (PHO), 55. Sebastian Lang (GST), ... 58. Jörg Jaksche (LSW), ... 61. Eddy Mazzoleni (LAM), 62. Levi Leipheimer (GST), ... 64. Oscar Sevilla (TMO), ... 68. Alexander Winokurow (TMO), 69. Patrik Sinkewitz (QST), ... 72. Andrej Kaschetschkin (C.A), ... 84. Floyd Landis (PHO), ... 95. Daniele Nardello (TMO), ... 97. Alejandro Valverde (IBA), 98. Carlos Sastre (CSC), 99. Matthias Kessler (TMO), ... 102. Beat Zberg (GST), 103. Giuseppe Guerini (TMO), ... 105. Tobias Steinhauser (TMO), ... 108. Michael Rich (GST), ... 110. Daniel Becke (IBA), ... 114. Ronny Scholz (GST), ... 128. Fabian Wegmann (GST), ... 138. Igor Flores (EUS) alle gleiche Zeit, ... 158. Robert Förster (GST) 16:35, ... 162. (Letzter) Nicolas Jalabert (PHO) 34:33. – **Aufgegeben:** Robert Hunter (PHO), Manuel Beltran (DSC), Angelo Furlan (DOM), Nicolas Fritsch (SDV). – **Nicht angetreten:** Tom Boonen (QST) (162 von 166 Startern im Ziel klassiert)

Gesamtwertung (Gelbes Trikot): 1. Armstrong 46:30:36 Stunden, 2. Rasmussen 0:38 Minuten zurück, 3. Moreau 2:34, 4. Basso 2:40, 5. Valverde 3:16, 6. Botero 3:48, 7. Leipheimer 3:58, 8. Mancebo 4:00, 9. Ullrich 4:02, 10. Klöden 4:16, 11. Landis 4:16, 12. Winokurow 4:47, 13. Jaksche 5:33, 14. Evans 5:55, 15. Popowitsch 6:25, 16. Kaschetschkin 6:32, 17. Julich 6:37, 18. Sastre 6:37, 19. Casar 7:41, 20. Mazzoleni 8:46, ... 23. Totschnig 11:43, ... 25. Guerini 12:19,

... 35. Sevilla 26:47, ... 40. Moncoutie 32:06, 41. Merckx 35:06, ... 44. Halgand 39:39, ... 46. Vicioso 44:33, ... 48. Kessler 44:58, ... 50. Pellizotti 46:15, ... 53. Ludewig 46:25, ... 57. O'Grady 51:18, ... 61. Sinkewitz 52:30, 62. Arrieta 52:37, ... 66. Zberg 56:24, ... 70. Garate 58:14, 71. Schreck 58:23, ... 78. Scholz 1:02:46 Stunde, 79. Lang 1:03:12, ... 82. Nardello 1:03:57, ... 88. Steinhauser 1:10:22, ... 99. Wegmann 1:20:51, ... 102. Grabsch 1:22:20, ... 111. Hushovd 1:34:39, ... 129. Rich 1:48:46, ... 149. Wrolich 1:57:25, ... 157. Förster 2:04:32 Stunden, 158. Becke 2:05:32, ... 161. Jalabert 2:09:11, 162. (Letzter) Flores 2:18:30

Punktwertung (Grünes Trikot): 1. Hushovd 142 Punkte, 2. O'Grady 120, 3. McEwen 107, 4. Winokurow 81, 5. Eisel 69, 6. Wrolich 66, 7. Förster 65, ... 19. Armstrong 40, ... 23. Ullrich 33, ... 26. Klöden 29, ... 28. Becke 29, ... 31. Lang 25, ... 51. Wegmann 16, ... 71. Jaksche 9, ... 73. Schreck 9, ... 80. Grabsch 6

Bergwertung (Rot-Gepunktetes Trikot): 1. Rasmussen 160 Punkte, 2. Moreau 89, 3. Botero 88, 4. Winokurow 71, 5. Armstrong 40, 6. Cioni 34, 7. Valverde 30, 8. Azevedo 30, 9. Pereiro 27, 10. Savoldelli 25, ... 12. Klöden 20, ... 18. Jaksche 17, ... 32. Ullrich 12, ... 37. Wegmann 10, ... 52. Scholz 3

Nachwuchsfahrer (Weißes Trikot): 1. Valverde 46:33:52 Stunden, 2. Popowitsch 3:09 Minuten zurück, 3. Kaschetschkin 3:16, 4. Contador 16:15, 5. Iglinskj 25:39, 6. Karpets 44:18, ... 9. Sinkewitz 49:14, ... 17. Wegmann 1:17:35 Stunde

Mannschaftswertung: 1. Team CSC/Dänemark 137:14:10 Stunden, 2. Illes Balears/Spanien 1:30 Minuten zurück, 3. T-Mobile Team/Deutschland 2:09, 4. Credit Agricole/Frankreich 8:24, 5. Discovery Channel/USA 15:16, 6. Phonak/Schweiz 19:41, 7. Liberty Seguros/Spanien 32:21, ... 9. Team Gerolsteiner/Deutschland 1:01:41 Stunde, ... 20. Domina Vacanze/Italien 2:12:47 Stunde, ... 21. (Letzter) Quick Step/Belgien 2:292:37

Kämpfer des Tages: David Moncoutie

Komplette Starterliste Seite 110

≫ Tour-Info

13. Etappe: Miramas – Montpellier

In der heißen Mittelmeer-Region der Provence können sich die Fahrer von den Strapazen der Alpen-Passagen erholen. Startort der Etappe ist Miramas, in dessen mittelalterlichen Stadtmauern mit der Burg aus dem 12. Jahrhundert die Tour erstmals gastiert. Montpellier, Hauptstadt des Languedoc-Roussillon, die nach ihrer Gründung durch Juden, Christen und Moslems im 10. Jahrhundert nacheinander im Besitz der Könige von Aragon und Mallorca war, gehört seit 1349 zu Frankreich. Die Bischofsstadt war bereits 26-mal seit 1930 Tour-Gastgeber.

McEwens dritter Streich bei hitziger Etappe

Hitze, Hektik und ein Höllentempo: Die geplante aktive Erholung der Favoriten auf dem Teilstück zwischen Alpen und Pyrenäen geriet zu einer schweißtreibenden Angelegenheit. Lance Armstrong und Jan Ullrich kamen sich vor wie im falschen Film: Nach einer halben Stunde zeigte der Tacho schon einen Schnitt von 58 km/h.

Nachführarbeit musste die belgische Mannschaft von Robbie McEwen leisten, nachdem sich eine Ausreißergruppe schon früh vom Feld abgesetzt hatte. Mit dem Sieg im Massensprint krönte McEwen die schweißtreibende Arbeit seiner Teamkollegen. Für den Australier war es der dritte Etappensieg bei der diesjährigen Tour (oben).

Tour Splitter

MENTALE STÄRKE: Sheryl Crow (oben) glaubt den Grund für die sportlichen Erfolge ihres Lebensgefährten Lance Armstrongs zu kennen. »Er ist mental irrsinnig stark. Er zieht durch was er sich vorgenommen hat. Im letzten Jahr musste er mit dem sechsten Sieg Geschichte schreiben, da war der Druck groß. Das spielt dieses Jahr keine so große Rolle«, sagte die Sängerin, die ihre Tour-Eindrücke an der Seite von Armstrong auch auf ihrem neuen Album verarbeitet hat.

MASSENSPURT: Ein Kapitel Tour-Geschichte hat Robbie McEwen (unten) mit seinem Sprintsieg in Montpellier geschrieben. Erstmals seit 1999 wurde ein Teilstück zwischen Alpen und Pyrenäen in einem Massenspurt entschieden.

Lance und ich haben uns verwundert angeschaut«, erzählte Jan Ullrich im Zielort Miramas. Das Feld sei sehr schnell gefahren. So wurde aus dem erhofften »Ruhetag« vor den zwei schweren Bergankünften in den Pyrenäen nichts. Vermiest wurde ihnen die »lockere Fahrt« vor allem vom belgischen Davitamon-Lotto-Team, das mit aller Macht ein Sprintfinale für Robbie McEwen herbeiführen wollte. So war die Überführungsetappe bei 35 Grad in der Provence von der Verfolgung eines Flucht-Quintetts geprägt, an deren Ende der Australier seinen dritten Etappensieg feierte. »Das ist eine aggressive Tour, bei der immer nur attackiert wird. Meine Mannschaft hat toll gearbeitet und diesen Sieg verdient«, urteilte McEwen im Ziel. Erst auf der Zielgeraden stellte das jagende Feld die letzten Ausreißer eines von zahlreichen Angriffen geprägten Etappenfinales. McEwen setzte sich vor seinem Landsmann Stuart O'Grady und dem US-Amerikaner Fred Rodriguez durch und unterstrich einen Tag nach dem Ausstieg des Belgiers Tom Boonen seinen Anspruch auf das Grüne Trikot des Punktbesten. Als bester Deutscher wurde Gerolsteiner-Profi Robert Förster (Markkleeburg) Siebter. »Von einer ruhigen Überführungsetappe habe ich nichts gesehen und das Finale war geradezu anarchisch«, wunderte sich Gerolsteiner-Teamchef Hans-Michael Holczer. In der Gesamtwertung änderte sich wenig. Armstrong führt weiter mit 38 Sekunden vor dem Dänen Michael Rasmussen. Ullrich folgt als Achter mit 4:02 Minuten Rückstand, Neunter ist sein Teamkollege Andreas Klöden (4:16 Minuten zurück). Beide rückten durch den verletzungsbedingten Ausstieg des Spaniers Alejandro Valverde einen Platz vor. Der bisherige Fünfte des Klassements vom Balearen-Team hatte seit seinem Etappensieg in Courchevel über Knieprobleme geklagt, die Etappe am Freitag jedoch zunächst trotz Schmerzen aufgenommen. Nachdem er einige Zeit am Ende des Feldes gefahren war, stieg der 25-Jährige nach 80 km schließlich vom Rad.

Ausreißer

Das Spitzen-Quintett hatte sich bereits nach 17 km abgesetzt und seinen Vorsprung innerhalb von nur 40 km auf neun Minuten ausgebaut. Carlos Da Cruz (Frankreich), Juan Antonio Flecha (Spanien), Chris Horner (USA), Ludovic Turpic (Frankreich) und Thomas Voeckler (Frankreich) lagen bis fast ins Ziel vor dem Feld. Fünf Kilometer vor dem Zielstrich holte das Feld die ersten Fahrer ein. Nach einer 115 km dauernden Jagd wurde der letzte Ausreißer, Horner, 200 m vor dem Ziel gestellt. Zu ihm hatte sich kurz vorher aus dem Feld noch der Franzose Sylvain Chavanel gesellt.

Robbie McEwen (links) und Fred Rodriguez sprinteten um den Tagessieg. Zwischen die beiden Teamkollegen schob sich noch der Australier Stuart O'Grady auf Platz zwei. Gerolsteiner-Profi Robert Förster (Bildmitte) wurde Siebter.

≫ Tour-Tagebuch – 13. Etappe: Freitag, 15. Juli – Miramas – Montpellier (173,5 km)

1. Robbie McEwen (DVL) 3:43:14 (46,6 km/h)
2. Stuart O'Grady (COF), 3. Fred Rodriguez (DVL), 4. Guido Trenti (QST),
5. Thor Hushovd (C.A), 6. Anthony Geslin (BTL), 7. Robert Förster (GST),
8. Magnus Backstedt (LIQ), 9. Gianluca Bortolami (LAM), 10. Christopher Horner (SDV)

11. Allan Davis (LSW), 12. Baden Cooke (FDJ), 13. Peter Wrolich (GST), 14. Rafael Nuritdinow (DOM), 15. Luke Roberts (CSC), 16. Sylvain Chavanel (COF), 17. Inaki Isasi (EUS), 18. Lorenzo Bernucci (FAS), 19. Laurent Brochard (BTL), 20. Samuel Dumoulin (A2R), ... 25. Jan Ullrich (TMO), ... 27. Alexander Winokurow (TMO), ... 30. Sebastian Lang (GST), ... 33. Lance Armstrong (DSC), 34. Jaroslaw Popowitsch (DSC), ... 37. Eddy Mazzoleni (LAM), 38. Francisco Mancebo (IBA), 39. Bobby Julich (CSC), 40. Santiago Botero (PHO), ... 42. Georg Totschnig (GST), ... 45. Patrik Sinkewitz (QST), ... 52. Jörg Ludewig (DOM), ... 54. Andreas Klöden (TMO), ... 57. Michael Rasmussen (RAB), 58. Bert Grabsch (PHO), ... 62. Christophe Moreau (C.A), 63. Jörg Jaksche (LIB), ... 70. Andrej Kaschetschkin (C.A), ... 72. Ivan Basso (CSC), ... 78. Floyd Landis (PHO), ... 81. Cadel Evans (DVL), 82. Levi Leipheimer (GST), ... 86. Carlos Sastre (CSC), ... 89. Daniel Becke (IBA), ... 92. Michael Rogers (QST), ... 98. Oscar Sevilla (TMO), 99. Sandy Casar (FDJ) alle gleiche Zeit, ... 105. Daniele Nardello (TMO) 0:18 Minuten zurück, ... 110. Igor Flores (EUS) 0:23, ... 117. Stephan Schreck (TMO), ... 119. Giuseppe Guerini (TMO), 120. Michael Rich (GST), ... 133. Ronny Scholz (GST), ... 136. Beat Zberg (GST), ... 138. Fabian Wegmann (GST), ... 147. Matthias Kessler (TMO), ... 152. Tobias Steinhauser (TMO) alle gleiche Zeit, ... 161. (Letzter) Wim Vansevenant (DVL) 11:09. –
Aufgegeben: Alejandro Valverde (IBA) (161 von 162 Startern im Ziel klassiert)

Gesamtwertung (Gelbes Trikot): 1. Armstrong 50:13:50 Stunden, 2. Rasmussen 0:38 Minuten zurück, 3. Moreau 2:34, 4. Basso 2:40, 5. Botero 3:48, 6. Leipheimer 3:58, 7. Mancebo 4:00, 8. Ullrich 4:02, 9. Klöden 4:16, 10. Landis 4:16, 11. Winokurow 4:47, 12. Jaksche 5:33, 13. Evans 5:55, 14. Popowitsch 6:25, 15. Kaschetschkin 6:32, 16. Julich 6:37, 17. Sastre 6:37, 18. Casar 7:41, 19. Mazzoleni 8:46, 20. Rogers 9:10, ... 22. Totschnig 11:43, ... 24. Guerini 12:42, ... 28. Horner 15:20, ... 34. Sevilla 26:47, ... 47. Kessler 45:21, ... 49. Ludewig 46:25, ... 56. O'Grady

51:06, ... 60. Sinkewitz 52:30, ... 65. Zberg 56:47, ... 68. Schreck 58:46, ... 77. Scholz 1:03:09 Stunde, 78. Lang 1:03:12, ... 81. Nardello 1:04:15, ... 87. Steinhauser 1:10:45, ... 99. Bortolami 1:21:05, 100. Wegmann 1:21:14, 101. Grabsch 1:22:20, ... 107. Geslin 1:28:58, ... 110. Hushovd 1:34:39, ... 117. Rodriguez 1:41:08, ... 130. Rich 1:49:09, 131. McEwen 1:50:07, 132. Backstedt 1:50:41, ... 143. Trenti 1:56:39, ... 147. Wrolich 1:57:25, ... 154. Förster 2:04:32 Stunden, 155. Becke 2:05:32, ... 159. Vansevenant 2:11:27, ... 161. (Letzter) Flores 2:18:53

Punktwertung (Grünes Trikot): 1. Hushovd 164 Punkte, 2. O'Grady 150, 3. McEwen 142, 4. Förster 84, 5. Winokurow 81, 6. Wrolich 79, ... 22. Armstrong 40, ... 26. Ullrich 34, ... 29. Klöden 29, 30. Becke 29, ... 33. Lang 25, ... 53. Wegmann 16, ... 74. Jaksche 9, ... 76. Schreck 9, ... 83. Grabsch 6

Bergwertung (Rot-Gepunktetes Trikot): 1. Rasmussen 160 Punkte, 2. Moreau 89, 3. Botero 88, 4. Winokurow 71, 5. Armstrong 40, 6. Cioni 34, 7. Azevedo 30, 8. Oscar Pereiro 27, 9. Savoldelli 25, 10. Garate 24, 11. Klöden 20, ... 17. Jaksche 17, ... 31. Ullrich 12, ... 36. Wegmann 10, ... 52. Scholz 3

Nachwuchsfahrer (Weißes Trikot): 1. Popowitsch 50:20:15 Stunden, 2. Kaschetschkin 0:07 Minuten zurück, 3. Contador 13:06, 4. Iglinskj 22:30, 5. Karpets 41:32, 6. Pineau 41:49, ... 8. Sinkewitz 46:05, ... 16. Wegmann 1:14:49 Stunde

Mannschaftswertung: 1. Team CSC/Dänemark 148:23:52 Stunden, 2. Illes Balears/Spanien 1:30 Minuten zurück, 3. T-Mobile Team/Deutschland 2:09, 4. Credit Agricole/Frankreich 8:24, 5. Discovery Channel/USA 15:16, 6. Phonak/Schweiz 19:41, 7. Liberty Seguros/Spanien 32:21, ... 9. Team Gerolsteiner/Deutschland 1:01:41 Stunde, ... 20. Domina Vacanze/Italien 2:21:47 Stunden, ... 21. (Letzter) Quick Step/Belgien 2:29:37

Kämpfer des Tages: Carlos Da Cruz

Komplette Starterliste Seite 110

Ullrich bravourös – aber Armstrong wehrt alle Attacken ab

Angriff ist die beste Verteidigung. Schon im Vorfeld der Pyrenäen waren sich die Beobachter einig, dass Jan Ullrich noch einmal Lance Armstrong angreifen würde. Wie er und sein Team diese Aufgabe gemeistert haben, nötigt Respekt ab, auch wenn sie den Texaner nicht in die Knie zwingen konnten. Armstrong ist selbst ohne Team-Unterstützung eine Klasse für sich.

Georg Totschnig vom deutschen Team Gerolsteiner gewann die erste Pyrenäen-Etappe im Alleingang und war bei der Siegerehrung emotional sichtlich gerührt.

Immer wieder versuchte es Jan Ullrich mit Tempoverschärfungen, doch Lance Armstrong konnte er damit nicht beeindrucken. Der Amerikaner blieb beim Deutschen am Rad (links).

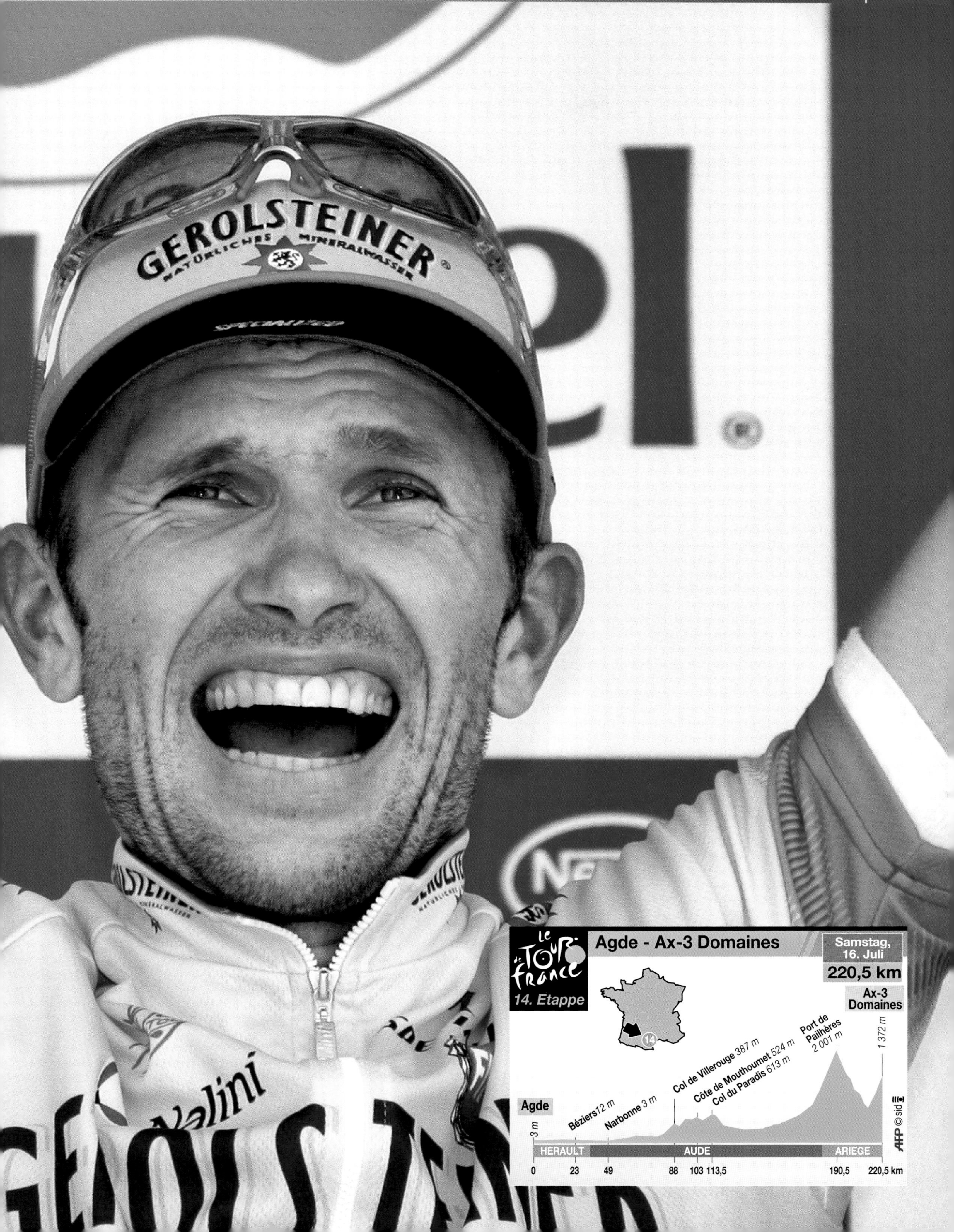

GEROLSTEINER
NATÜRLICHES MINERALWASSER
Le Tour de France
14. Etappe
Agde - Ax-3 Domaines
Samstag, 16. Juli
220,5 km
Ax-3 Domaines
1 372 m
Port de Pailhères 2 001 m
Col de Villerouge 387 m
Côte de Mouthoumet 524 m
Col du Paradis 613 m
Agde
3 m
Béziers 12 m
Narbonne 3 m
HERAULT
AUDE
ARIEGE
0
23
49
88
103
113,5
190,5
220,5 km
AFP ©sid

In voller Fahrt raste die Verfolgergruppe mit allen Favoriten auf der ersten Pyrenäenetappe eine Abfahrt hinunter. Angeführt wurde die Gruppe von Ivan Basso, gefolgt von Jan Ullrich, Floyd Landis, Lance Armstrong und Levi Leipheimer.

Ein angriffslustiger Jan Ullrich hat Lance Armstrong erstmals in die Bredouille gebracht. Doch nach einem atemberaubenden Schlagabtausch in den Pyrenäen war der sechsmalige Toursieger wieder der große Triumphator. Den Tagessieg bei der »Hitzeschlacht« über 220,5 km von Agde nach Ax-3-Domaines holte sich der Österreicher Georg Totschnig, der dem Team Gerolsteiner den ersten Etappensieg bei der Tour de France bescherte.

»Das ist mein größter Erfolg als Sportler. Ich musste die letzten Monate so hart kämpfen. Das ging nur mit Hilfe meiner Frau und den beiden Kindern. Das lief in der ersten Wochen auch hier so schlecht, dass ich schon nach Hause fahren wollte. Heute bin ich nur voll drauflosgefahren. 1000 Meter vor dem Ziel, konnte ich es immer noch nicht fassen, dass es geklappt hat«, sagte Totschnig.

Armstrong belegte 56 Sekunden zurück den zweiten Platz und schlüpfte anschließend zum 75. Mal in seiner Karriere ins Gelbe Trikot. Der Amerikaner stellte beim 9,1 km langen Schlussanstieg mit durchschnitt-

Tour-Splitter

Im Schatten von Jan Ullrich hat auch sein Masseur Dieter Ruthenberg Popularität erlangt. Der wegen seiner Brille »Eule« genannte Mecklenburger ist dem Bonner Rennstall seit Jahren verbunden und mittlerweile so bekannt, dass auch von ihm Autogramme gewünscht werden.

Jan Ullrich steht bei Frankreichs Radsport-Idol Raymond Poulidor nicht hoch im Kurs und mag Vergleiche zu seiner vergeblichen Jagd in den 6oer-Jahren auf Seriensieger Jacques Anquetil nicht gelten lassen. »Er hat die Tour einmal gewonnen, ich nie. Aber er ist kein richtiger Profi, macht seine Arbeit nicht gut. Er fährt zu wenig Rennen, trainiert nur. Er hat nicht die Beine, um Armstrong zu schlagen«, äußert sich »Poupou« wenig schmeichelhaft.

Tausende von E-Mails haben Jan Ullrich seit dem Tour-Start erreicht. Die Botschaften werden von Helfern ausgewertet und »Ulle« nach der Tour übergeben. Dann will der gebürtige Rostocker seinen Fans antworten.

lich 8,3 Prozent Steigung seine Klasse eindrucksvoll unter Beweis und knöpfte dem Viertplatzierten Ullrich mit einer Tempoverschärfung auf den letzten 500 Metern noch 22 Sekunden ab. Dritter wurde der Italiener Ivan Basso.

»Ich habe alles aus mir rausgeholt, die letzten 500 Meter war ich etwas übersäuert. Aber es war immerhin besser als in den Alpen. Taktisch war das so geplant, man kann Lance nicht am letzten Berg angreifen. Es war ein guter Tag, wobei ich mich bei Andreas Klöden bedanken muss. Ich werde weiter kämpfen, morgen und bis nach Paris«, sagte Ullrich.

Nur Totschnig ließ Armstrong hinter sich. Der Österreicher vollendete eine knapp 200 km lange Flucht erfolgreich und bescherte dem Team Gerolsteiner den größten Sieg in der Teamgeschichte. Unterdessen hatten Ullrich und der Italiener Ivan Basso bei Temperaturen um 35 Grad heftige Attacken auf Armstrong gestartet. Immer wieder musste der isolierte Discovery-Kapitän den Angriffen seiner ärgsten Rivalen nachgehen.

Armstrong baute seinen Vorsprung im Gesamtklassement weiter aus und liegt nun 1:41 Minuten vor dem Dänen Michael Rasmussen, der in den Pyrenäen Schwächen zeigte. Ullrich wurde für seinen Kampfgeist belohnt und rückte im Gesamtklassement, 4:34 Minuten hinter Armstrong, auf den vierten Platz vor. Bester »Gerolsteiner« bleibt Levi Leipheimer mit einem Rückstand von 4:45 Minuten auf dem fünften Platz.

»Das waren heute extreme Bedingungen. Bei dieser Hitze muss man vorsichtig sein. Meine Mannschaft ist von unten an eine aggressive Taktik gefahren. Ich wusste, dass ich am Ende auch allein dranbleiben kann. Die Besten waren doch am Ende alle von ihren Teams isoliert«, sagte Armstrong.

Bereits am vorletzten Anstieg beim Port de Peilhères, einem Berg der Ehrenkategorie, stand der Texaner ohne Helfer da und musste die Angriffe seiner Rivalen alleine abwehren. Wie sehr Ullrich und Basso auf das Tempo drückten, bewies die Tatsache, dass zwischenzeitlich auch Andreas Klöden und Alexander Winokurow den Kontakt verloren und erst in der Abfahrt wieder aufschließen konnten. Beim Schlussanstieg waren beide aber chancenlos, Klöden wurde immerhin noch Neunter. »Winokurow hat mit seiner Attacke die Armstrong-Mannschaft in die Luft gejagt.

>> **Tour-Info**

14. Etappe Agde – Ax-3-Domaines
In der »schwarzen Stadt« Agde an der Mittelmeer-Mündung der Herault beginnt beim Aufstieg in die Pyrenäen das letzte Bergduell zwischen Lance Armstrong und Jan Ullrich. Die vor rund 2500 Jahren von griechischen Händlern aus Vulkangestein mit dem Namen Agatha gegründete Hafen- und Fischereistadt ist Ausgangspunkt der Etappe, die über zwei extreme Gipfelanstiege in der Skistation Ax-3-Domaines endet. Die Daten der Kletterpartien: Port de Peilhères, 2001 m hoch, 15,2 km Aufstieg, durchschnittlich acht Prozent Steigung, Ziel auf dem Bonsacre-Plateau, 1372 m hoch, 9,1 km Anfahrt, durchschnittlich 7,3 Prozent Steigung.

Feuerwehrmänner sorgen sehr zur Freude der Rennfahrer mit viel Wasser für Abkühlung bei Temperaturen zwischen 35 und 40 Grad Celsius.

Jan Ullrich und Andreas Klöden machen immer wieder Tempo im Verfolgerfeld. Ivan Basso und Lance Armstrong folgen.

Nicht mal sein Trikot konnte Georg Totschnig vor der Zieldurchfahrt in Ax-3-Domaines schließen (rechts). Dafür entschuldigte sich der Österreicher anschließend beim Sponsor Gerolsteiner.

Jan ist ein phantastisches Rennen gefahren. Aber Lance war wie erwartet sehr, sehr stark«, analysierte T-Mobile-Sportdirektor Mario Kummer nach dem Ziel treffend.

Totschnig hatte indes als Erster den vorletzten Anstieg überquert. Der Österreicher, der frühzeitig mit neun weiteren Fahrern attackierte und zwischenzeitlich schon einen Vorsprung von fast zehn Minuten herausgefahren hatte, bewies von den Ausreißern die besten Kletterqualitäten. So ging der Gesamt-Siebte des Vorjahres 3:50 Minuten vor der Gruppe um Armstrong auf die Abfahrt in Richtung Ax-les-Thermes. Genug, um als Sieger nach Ax-3-Domaines einzuziehen. »Das war doch wirklich beeindruckend. Auf den letzten drei Kilometern hatte

ich noch ein bisschen Angst. Ich habe nur noch gebammelt. Die Leistung von Georg Totschnig ist gar nicht hoch genug zu bewerten. So lange ist er allein an der Spitze gefahren«, sagte sein Teamchef Hans-Michael Holczer.

Tour-Splitter

DURSTIG: Für den Wasserhaushalt der 189 Teilnehmer bei der 92. Tour ist ausreichend gesorgt. Für die Profis stehen auf den 3607 km bis zu den Champs Elysées nach Paris rund 42 000 Trinkflaschen bereit. Ein Fahrer trinkt je nach Temperatur etwa zehn Liter pro Etappe.

Erst die Koffer gepackt, dann aufs Siegerpodest gestiegen

Hans Michael Holczer genehmigte sich vor dem Teamhotel »Roy Rene« erst mal eine Flasche Bier und löste bei der spontanen Party auf der »Route Nationale 20« in Ax-les-Thermes einen kleinen Stau aus. Feuchtfröhlich ging es im Quartier des Teams Gerolsteiner zu, nachdem der Österreicher Georg Totschnig für den ersten Tour-Etappensieg in der Teamgeschichte gesorgt hatte. Bis kurz vor Mitternacht knallten bei der »Mineralwasser-Truppe« die Champagner-Korken.

»Das war ein großer Sieg für Gerolsteiner«, meinte Holczer. Acht Jahre hatte der ehrgeizige Mathe- und Geschichtslehrer auf diesen Moment gewartet. Am 16. Juli um 16.31 Uhr ging der Traum endlich in Erfüllung.

Möglich machte den Coup ausgerechnet Georg Totschnig, der bei der Tour bereits auf gepackten Koffern gesessen hatte. »Nach der ersten Woche hatte ich die Nase voll und wollte nach Hause«, berichtete der 34-Jährige. Eine schwere Grippe hatte ihn kurz vor der Tour zurückgeworfen, unfreiwillig musste der Tiroler die Kapitänsrolle an Teamkollege Levi Leipheimer (USA) weiterreichen.

So ließ Totschnig im 1373 m hohen Skiort seinen Emotionen freien Lauf, auf dem Podium verdrückte er mehrere Tränen. »Diesen Sieg widme ich meiner Frau Michi und meinen beiden Kindern, ohne sie hätte ich das nicht geschafft«, sagte Totschnig später. In langen Telefonaten mit der Heimat hatte der Einzelgänger aus dem Zillertal moralisch wieder aufgebaut werden müssen.

Der zweifache Familienvater trug sich gleich doppelt in die Tour-Geschichtsbücher ein. Totschnig holte den ersten Etappensieg für seine Mannschaft und beendete die 74-jährige Durststrecke der Österreicher bei der Frankreich-Rundfahrt. Am 19. Juli 1931 hatte Max Bulla zuletzt für einen Tagessieg der Alpenrepublik gesorgt.

>> **Tour-Tagebuch – 14. Etappe:** Samstag, 16. Juli – Agde – Ax-3-Domaines (220,5 km)

1. Georg Totschnig (GST) 5:43:43 Stunden (38,5 km/h)
2. Lance Armstrong (DSC) 0:56 Minuten zurück, 3. Ivan Basso (CSC) 0:58 Minuten zurück,
4. Jan Ullrich (TMO) 1:16 Minuten zurück, 5. Levi Leipheimer (GST) 1:31 Minuten zurück,
6. Floyd Landis (PHO), 7. Francisco Mancebo (IBA) 1:47 Minuten zurück,
8. Michael Rasmussen (RAB), 9. Andreas Klöden (TMO) 2:06 Minuten zurück,
10. Haimar Zubeldia (EUS) 2:20 Minuten zurück

11. Alexander Winokurow (TMO) 3:06, 12. Stefano Garzelli (LIQ) 3:35, 13. Jörg Jaksche (LSW) 4:03, 14. Cadel Evans (DVL) gleiche Zeit, 15. Walter Beneteau (BTL) 4:16, 16. Jaroslaw Popowitsch (DSC) 4:18, 17. Bobby Julich (CSC), 6:01, 18. Eddy Mazzoleni (LAM) 6:04, 19. Leonardo Piepoli (SDV) gleiche Zeit, 20. Laurent Brochard (BTL) 6:06, ... 23. Andrej Kaschetschkin (C.A) 6:47, 24. Christophe Moreau (C.A) gleiche Zeit, ... 28. Carlos Sastre (CSC) 8:00, 29. Giuseppe Guerini (TMO) 8:09, ... 33. Daniele Nardello (TMO) 9:35, ... 35. Oscar Sevilla (TMO) 11:24, ... 37. Jörg Ludewig (DOM) 12:18, ... 51. Sebastian Lang (GST) 21:25, ... 54. Fabian Wegmann (GST), ... 64. Patrik Sinkewitz (QST) alle gleiche Zeit, ... 71. Stephan Schreck (GST) 29:08, 72. Tobias Steinhauser (TMO), 73. Matthias Kessler (TMO), ... 75. Ronny Scholz (GST) alle gleiche Zeit, ... 86. Michael Rich (GST) 32:15, ... 94. Daniel Becke (IBA), ... 98. Beat Zberg (GST), ... 102. Bert Grabsch (PHO) alle gleiche Zeit, ... 119. Peter Wrolich (GST) 35:50, ... 130. Thor Hushovd (C.A), ... 156. Igor Flores (EUS), 157. Robert Förster (GST) alle gleiche Zeit, ... 160. (Letzter) Frederic Bessy (COF) 36:52. – **Nicht gestartet:** Gerben Löwik (RAB) (alle 160 Starter im Ziel klassiert)

Gesamtwertung (Gelbes Trikot): 1. Armstrong 55:58:17 Stunden, 2. Rasmussen 1:41 Minuten zurück, 3. Basso 2:46, 4. Ullrich 4:34, 5. Leipheimer 4:45, 6. Landis 5:03, 7. Mancebo gleiche Zeit, 8. Klöden 5:38, 9. Winokurow 7:09, 10. Moreau 8:37, 11. Jaksche 8:52, 12. Evans 9:14, 13. Popowitsch 9:59, 14. Totschnig 10:39, 15. Zubeldia 11:43, 16. Julich 11:54, 17. Kaschetschkin 12:55, 18. Sastre 13:53, 19. Mazzoleni 14:06, 20. Garzelli 17:12, ... 22. Piepoli 19:52, 23. Guerini 20:07,

... 34. Sevilla 37:27, ... 37. Brochard 50:15, ... 42. Ludewig 57:59, ... 52. Beneteau 1:09:28 Stunde, ... 58. Nardello 1:13:06, 59. Sinkewitz 1:13:11, 60. Kessler 1:13:45, ... 72. Lang 1:23:53, ... 75. Schreck 1:27:10, ... 77. Zberg 1:28:18, ... 80. Scholz 1:31:33, ... 90. Steinhauser 1:39:09, ... 92. Wegmann 1:41:55, ... 103. Grabsch 1:53:51, ... 112. Hushovd 2:09:45 Stunden, ... 129. Rich 2:20:40, ... 144. Bessy 2:30:23, ... 147. Wrolich 2:32:31, ... 150. Becke 2:37:03, ... 155. Förster 2:39:38, ... 160. (Letzter) Flores 2:53:59

Punktwertung (Grünes Trikot): 1. Hushovd 164 Punkte, 2. O'Grady 150, 3. McEwen 142, 4. Winokurow 86, 5. Förster 84, 6. Wrolich 79, ... 16. Armstrong 57, ... 19. Ullrich 47, ... 27. Klöden 36, 31. Totschnig 29, ... 33. Becke 29, ... 36. Lang 25, ... 58. Wegmann 16, ... 68. Jaksche 12, ... 77. Schreck 9, ... 82. Grabsch 6

Bergwertung (Gepunktetes Trikot): 1. Rasmussen 175 Punkte, 2. Moreau 89, 3. Botero 88, 4. Armstrong 76, 5. Winokurow 71, 6. Totschnig 53, 7. Basso 45, 8. Ullrich 44, 9. Garate 36, 10. Leipheimer 35, ... 18. Klöden 20, ... 24. Jaksche 17, ... 40. Wegmann 10, ... 57. Scholz 3

Nachwuchsfahrer (Weißes Trikot): 1. Popowitsch 56:08:16 Stunden, 2. Kaschetschkin 2:56 Minuten zurück, 3. Iglinskj 27:25, 4. Contador 30:13, 5. Karpets 51:53, 6. Arroya 58:45, 8. Sinkewitz 1:03:12 Stunden, ... 14. Wegmann 1:31:56 Stunde

Mannschaftswertung: 1. T-Mobile Team/Deutschland 165:43:38 Stunden, 2. Team CSC/Dänemark 6:22 Minuten zurück, 3. Illes Balears/Spanien 10:01, 4. Discovery Channel/USA 25:21, 5. Credit Agricole/Frankreich 27:04, 6. Phonak/Schweiz 27:56, 7. Liberty Seguros/Spanien 1:10:37 Stunde, ... 8. Team Gerolsteiner/Deutschland 1:16:00, ... 16. Domina Vacanze/Italien 2:41:21 Stunden, ... 21. (Letzter) Quick Step/Belgien 3:36:95

Kämpfer des Tages: Georg Totschnig
Komplette Starterliste Seite 110

Anerkennung für Armstrong und Basso

Der Moment der Entscheidung in den Pyrenäen: Ivan Basso attackiert, Spitzenreiter Lance Armstrong hält mit und Jan Ullrich muss abreißen lassen.

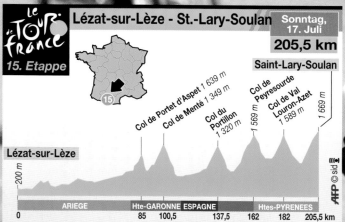

Lézat-sur-Lèze - St.-Lary-Soulan | Sonntag, 17. Juli

205,5 km

Saint-Lary-Soulan

Col de Portet d'Aspet 1 639 m
Col de Menté 1 349 m
Col du Portillon 1 320 m
Col de Peyresourde 1 569 m
Col de Val Louron-Azet 1 589 m
1 669 m

Lézat-sur-Lèze

200 m

ARIEGE | Hte-GARONNE ESPAGNE | Htes-PYRENEES
0 | 85 | 100,5 | 137,5 | 162 | 182 | 205,5 km

Nach den beiden Pyrenäen-Teil-
stücken ist die Sache wohl klar:
Lance Armstrong wird als sieben-
facher Sieger in die Radsport-
Geschichte eingehen. Für seine
Gegner bleibt erneut der
Kampf um die Podiums-
plätze. Das Team
T-Mobile um Jan
Ullrich hat viel ver-
sucht und CSC mit
Ivan Basso deut-
lich Anspruch auf
den zweiten Platz
angemeldet.

>> Tour-Info

15. Etappe Lézat-sur-Lèze – St.-Lary-Soulan

Auf der zweiten Königsetappe nach der Passage über die Alpen-Klassiker stehen auf 205,5 Kilometern sechs Bergpässe mit durchschnittlich zwischen sieben und 8,5 Prozent Steigung auf dem Programm. Als erste Prüfung 85 km nach dem Start wird der Col du Portet d'Aspet passiert, wo am 18. Juli 1995 Lance Armstrongs früherer Teamkollege Fabio Casartelli nach einem Sturz auf der Abfahrt starb. Im Zielort Saint-Lary-Soulan kam der Tour-Tross bereits acht Mal seit 1974 an. Das Tagesziel liegt bei 1700 m in Pla d'Adet.

Jose Luis Rubeira und Jaroslaw Popowitsch machen für ihren Kapitän Lance Armstrong das Tempo. Dahinter Jan Ullrich, Michael Rasmussen im Trikot des Bergbesten, und Floyd Landis.

Ein Fan und ein Kamera-Motorrad kollidieren auf einer der zahlreichen Pyrenäen-Steigungen. Oscar Pereiro und George Hincapie, Spitzenreiter der zweiten Pyrenäen-Etappe, schauen sich den Unfall an.

Auf der »Königsetappe« hat sich Jan Ullrich im vermeintlichen Zweikampf gegen Lance Armstrong endgültig aus der Rolle des größten Herausforderers verabschiedet und seinen Platz im Duell um das Gelbe Trikot Ivan Basso überlassen müssen. Der CSC-Profi wird Armstrongs siebten Tour-Triumph zwar ebenfalls kaum noch gefährden können, Ullrich hat der Italiener beim Tagessieg von George Hincapie aber immerhin mühelos abgeschüttelt.

Das musste auch T-Mobile-Sportdirektor Mario Kummer neidlos anerkennen: »Wir haben heute nichts falsch gemacht. Jan ist bis zum letzten Blutstropfen gefahren. Aber man muss auch anerkennen, dass es zwei Bessere gibt. Es war schon Klasse, was Armstrong und Basso gezeigt haben.« Auch Ullrich räumte ein, dass es »nun schwer wird, auf das Podest zu fahren«.

Im Ziel war Armstrong hinsichtlich Prognosen zurückhaltend, allerdings verriet seine Miene Siegesbewusstsein: »Das ist mein Milieu. Mein Team war heute wieder phantastisch. Wir sind jetzt so viele Jahre zusammen. Dass Hincapie heute gewonnen hat, ist toll. Aber entscheidend ist, dass wir das Gelbe Trikot als Mannschaft verteidigt haben«, sagte Armstrong.

Auf dem 205,5 km langen 15. Teilstück über sechs Bergwertungen zum 1680 Meter hohen Pla d'Adet wurde der US-Amerikaner Siebter, 5:04 Minuten hinter seinem siegreichen Landsmann und Teamkollegen Hincapie, der schon nach 27 km in einer Fluchtgruppe gefahren war und zeitweise über 18 Minuten Vorsprung hatte. Ullrich aber büßte als Neunter noch einmal 1:24 Minuten auf seinen übermächtigen Rivalen ein.

Frustriert, enttäuscht, geschlagen – Jan Ullrich musste nach den Pyrenäen-Etappen eingestehen, dass es Bessere gibt. Er verlor bei zwei Bergankünften zwei Minuten auf Lance Armstrong und 1:50 auf Ivan Basso.

Oscar Pereiro schaut sich um und sieht nur noch den Armstrong-Leutnant George Hincapie hinter sich. Links neben dem Spanier fährt der Niederländer Michael Boogerd, der später zurückfiel.

In der Gesamtwertung führt Armstrong nun mit 2:46 Minuten Vorsprung vor Basso, der als Tages-Sechster zeitgleich mit dem Texaner ins Ziel kam. 3:09 Minuten hinter dem Gelben Trikot liegt der Däne Michael Rasmussen auf Platz drei, dahinter folgt Ullrich als Vierter (5:58 Minuten zurück).

»Es war die erwartet schwere Etappe, bei der sich Armstrong nicht auf die Ausreißer, sondern am Ende nur auf Basso konzentrieren musste. Oscar Sevilla hat heute eine gute Rolle gespielt und Jan am Ende sehr geholfen«, sagte Kummer.

Ullrich verlor das Rennen im Schluss-Anstieg, als er bei der ersten Attacke durch Basso nicht mehr mithalten konnte. Während sich die beiden Top-Fahrer der Gesamtwertung immer weiter absetzten, blieb der Toursieger von 1997 im Sattel sitzen und fuhr in gleichmäßigem Tempo hinterher. »Ich glaube, dass wir uns nichts vorwerfen müssen. Wir haben alles getan, mehr ging nicht«, sagte Ullrich, der aber ein wenig mit dem Schicksal haderte: »Es war schon ärgerlich. Ich glaube, ich habe zu wenig gegessen. Ausgerechnet in dem Abschnitt, der mir liegt, habe ich eine Minute verloren.«

Die ersten Attacken aus der Favoritengruppe hatte es bereits am vorletzten Anstieg gegeben, wobei Ullrich schon ein erstes Mal hatte abreißen lassen müssen, sich aber wieder an seine beiden Rivalen herankämpfen konnte. Immerhin geklärt ist die Kapitänfrage im T-Mobile-Team. »Eigene Ansprüche gibt es nicht mehr. Wir wollen jetzt nur noch helfen, Jan nach vorne zu bringen«, sagte Andreas Klöden, dem auch Alexander Winokurow zustimmte. »Wir werden jeden Tag versuchen, mit der ganzen Mannschaft anzugreifen.«

Im besten Team der Welt

Das Ausscheidungsrennen um den Tagessieg begann neun Kilometer vor dem Ziel mit einem erfolglosen Angriff Sevillas, der danach aber die Gegenattacke nicht mehr mitgehen konnte und schließlich Ullrich ins Ziel führte. An der Spitze besiegte Hincapie seinen letzten Mitausreißer Oscar Pereiro (Spanien) vom Schweizer Phonak-Team im Sprint. »Phantastisch, ein toller Tag. Ich fahre im besten Team der Welt. Ich freue mich riesig über diesen Sieg. Jetzt kann ich es morgen ruhig angehen lassen«, sagte Hincapie sichtlich bewegt.

≫ Tour-Tagebuch – 15. Etappe: Sonntag, 17. Juli – Lézat-sur-Lèze – Saint-Lary-Soulan (205,5 km)

1. George Hincapie (DSC) 6:06:38 Stunden (33,7 km/h)
2. Oscar Pereiro (PHO) 0:06 Minuten zurück, 3. Pietro Caucchioli (C.A) 0:38 Minuten zurück,
4. Michael Boogerd (RAB) 0:57 Minuten zurück,
5. Laurent Brochard (BTL) 2:19 Minuten zurück, 6. Ivan Basso (CSC) 5:04 Minuten zurück,
7. Lance Armstrong (DSC), 8. Oscar Sevilla (TMO) 6:28 Minuten zurück,
9. Jan Ullrich (TMO), 10. Michael Rasmussen (RAB) 6:32 Minuten zurück

11. Francisco Mancebo (IBA) 6:32, 12. Alexander Winokurow (TMO) 7:33, 13. Levi Leipheimer (GST) 7:54, 14. Christophe Moreau (C.A) 8:14, 15. Haimar Zubeldia (EUS) 8:47, 16. Cadel Evans (DVL) gleiche Zeit, 17. Eddy Mazzoleni (LAM) 8:54, 18. Jaroslaw Popowitsch (DSC) 9:32, 19. Floyd Landis (PHO) 9:34, 20. Allan Davis (LSW) 10:37, 21. Leonardo Piepoli (SDV) 11:00, 22. Andreas Klöden (TMO) 11:27, ... 25. Bobby Julich (CSC) 12:13, ... 27. Giuseppe Guerini (TMO) 12:17, 28. Andrej Kaschetschkin (C.A) 12:44, ... 33. Jörg Jaksche (LSW) 14:28, ... 35. Jörg Ludewig (DOM) 15:09, ... 58. Stephan Schreck (TMO) 36:09, ... 62. Bert Grabsch (PHO) 36:09, ... 64. Sebastian Lang (GST) 36:09, 65. Thor Hushovd (C.A), ... 68. Patrik Sinkewitz (QST), ... 71. Matthias Kessler (TMO) 36:09, 72. Georg Totschnig (GST), 73. Tobias Steinhauser (TMO), ... 77. Daniele Nardello (TMO), ... 93. Fabian Wegmann (GST) alle gleiche Zeit, ... 109. Michael Rich (GST) 44:10, ... 114. Ronny Scholz (GST), ... 116. Beat Zberg (GST), 117. Robert Förster (GST), ... 133. Daniel Becke (IBA), ... 143. Peter Wrolich (GST), ... 155. Igor Flores (EUS) alle gleiche Zeit, ... 158. (Letzter) Rafael Nuritdinow (DOM) 46:37. – **Aufgegeben:** Wilfried Cretskens (QST), David Herrero (EUS) (158 von 160 Startern im Ziel klassiert)

Gesamtwertung (Gelbes Trikot): 1. Armstrong 62:09:59 Stunden, 2. Basso 2:46, 3. Rasmussen 3:09, 4. Ullrich 5:58, 5. Mancebo 6:31, 6. Leipheimer 7:35, 7. Landis 9:33, 8. Winokurow 9:38, 9. Moreau 11:47, 10. Klöden 12:01, 11. Evans 12:57, 12. Popowitsch 14:27, 13. Zubeldia 15:26, 14. Mazzoleni 17:56, 15. Jaksche 18:16, 16. Julich 19:03, 17. Pereiro 19:30, 18. Hincapie 19:35, 19. Kaschetschkin 20:35, 20. Piepoli 25:48, 21. Guerini 27:20, ... 23. Boogerd 28:47, 24. Sevilla

38:51, ... 26. Totschnig 41:44, ... 29. Brochard 47:30, ... 34. Caucchioli 55:03, ... 38. Ludewig 1:08:04 Stunde, ... 56. Nardello 1:44:11, 57. Sinkewitz 1:44:16, 58. Kessler 1:44:50, ... 71. Lang 1:54:58, ... 74. Schreck 1:58:15, ... 86. Steinhauser 2:10:14 Stunden, ... 89. Scholz 2:10:39, 90. Wegmann 2:13:00, ... 102. Grabsch 2:24:56, ... 113. Hushovd 2:40:50, ... 134. Rich 2:59:46, ... 148. Wrolich 3:11:37, ... 150. Nuritdinow 3:14:52, 151. Becke 3:16:09, ... 153. Förster 3:18:44, ... 158. (Letzter) Flores 3:33:05

Punktwertung (Grünes Trikot): 1. Hushovd 164 Punkte, 2. O'Grady 150, 3. McEwen 142, 4. Winokurow 90, 5. Förster 84, 6. Davis 81, 7. Wrolich 79, ... 14. Armstrong 66, ... 19. Ullrich 54, ... 30. Klöden 36, ... 32. Totschnig 29, ... 34. Becke 29, ... 38. Lang 25, ... 59. Wegmann 16, ... 69. Jaksche 12, ... 79. Schreck 9, ... 86. Grabsch 6

Bergwertung (Rot-Gepunktetes Trikot): 1. Rasmussen 185 Punkte, 2. Pereiro 114, 3. Armstrong 92, 4. Boogerd 90, 5. Moreau 89, 6. Botero 75, 8. Brochard 75, 8. Hincapie 74, 9. Caucchioli 73, 19. Winokurow 71, 11. Basso 65, 12. Ullrich 56, 13. Totschnig 53, ... 26. Klöden 20, ... 32. Jaksche 17, ... 47. Wegmann 10, ... 62. Scholz 3

Nachwuchsfahrer (Weißes Trikot): 1. Popowitsch 62:24:26 Stunden, 2. Kaschetschkin 6:08 Minuten zurück, 3. Contador 36:42, 4. Iglinskj 54:02, 5. Pineau 1:05:12 Stunde, 6. Arroya 1:05:44, ... 8. Sinkewitz 1:29:49, ... 13. Wegmann 1:58:33

Mannschaftswertung: 1. T-Mobile Team/Deutschland 184:24:01 Stunden, 2. Discovery Channel/USA 19:28 Minuten zurück, 3. Team CSC/Dänemark 21:58, 4. Credit Agricole/Frankreich 28:11, 5. Illes Balears/Spanien 32:09, 6. Phonak/Schweiz 34:30, 7. Liberty Seguros/Spanien 1:31:40 Stunde, ... 10. Team Gerolsteiner/Deutschland 2:15:43 Stunden, ... 16. Domina Vacanze/Italien 3:24:08 Stunden, ... 21. (Letzter) Quick Step/Belgien 5:12:04

Kämpfer des Tages: Oscar Pereiro

Komplette Starterliste Seite 110

Letzte Angriffe im Hochgebirge – Sieg für Pereiro

Im vierten Anlauf jubelte endlich der Spanier Oscar Pereiro als Etappensieger. Er gewann den Sprint einer kleinen Ausreißergruppe vor seinem Landsmann Xabier Zandio. An den Vortagen war Pereiro mit seinen Fluchtversuchen stets gescheitert.

Immer wieder beschleunigten Jan Ullrich, Andreas Klöden und Alexander Winokurow das Tempo. Doch es wollte nicht klappen. Die drei Erstplatzierten in der Gesamtwertung blieben am Rad, ließen sich nicht abschütteln. Damit war auch Ullrichs letzte Chance in den Bergen vertan, einen Schritt in Richtung Podiumsplatz zu tun.

Mourenx - Pau

16. Etappe

Dienstag, 19. Juli

180,5 km

Col de Marie-Blanque 1 035 m

Col d'Aubisque 1 677 m

Col du Soulor 1 475 m

Col d'Ichère 674 m

Laruns 488 m

Ferrières 574 m

Mourenx 112 m

Pau 210 m

PYRÉNÉES-ATLANTIQUES   Htes-PYR.   P.-ATLANTIQUES

0   50,5   70,5   89,5   108,5   118   130   180,5 km

Sie lassen sich nicht aus den Augen. Schließlich geht es um die Podiumsplätze in Paris. Die besten Chancen nach der 16. Etappe haben (von links) Michael Rasmussen (3.), Jan Ullrich (4.), Lance Armstrong (1.) und Ivan Basso (2.).

Andreas Klöden muss das Fahrerfeld an sich vorbei ziehen lassen. Nach einem Bruch des Kahnbeins kam für ihn das vorzeitige Aus (unten).

Als Jan Ullrich im Kampf um die Podiumsplätze noch Optimismus verbreitete, war sein wichtigster Helfer bereits auf dem Weg ins Krankenhaus. Der Vorjahreszweite Andreas Klöden erlitt nach einem Sturz auf der letzten Pyrenäen-Etappe einen Kahnbeinbruch am rechten Handgelenk, wird aber mit einem stabilisierenden Tapeverband weiter im Rennen bleiben.

»Ich bin auf den Unterarm gefallen«, schilderte Klöden knapp das Malheur. Auch sein Teamkollege Matthias Kessler wurde in den Sturz zu Beginn der 16. Etappe über 180,5 km von Mourenx nach Pau verwickelt. Der Franke kam aber anscheinend glimpflicher davon und kann die Tour mit einer leichten Gehirnerschütterung und einer Stauchung der Wirbelsäule ebenfalls fortsetzen.

So bleibt dem T-Mobile-Team offenbar nichts erspart. Da passte es ins Bild, dass der gerade von zwei Stürzen genesene Ullrich mit seinem letzten Angriff im Hochgebirge auf Lance Armstrong erneut erfolglos geblieben war. »Ich habe es zwei-, dreimal mit Attacken probiert. Bei dem Gegenwind war es aber schwer, da lässt es sich für die anderen leicht am Hinterrad fahren«, meinte Ullrich.

Das T-Mobile-Team ließ am letzten Berg der Ehrenkategorie nichts unversucht. So sorgten Ullrich,

Vom Aufsteiger zum Pechvogel

Ein Jahr nach seinem größten Erfolg als Gesamt-Zweiter war Andreas Klöden nach seinem Ausstieg bei der »Großen Schleife« 2005 am Boden zerstört. Die Schmerzen nach seinem Sturz zu Beginn der 16. Etappe, bei dem sich der 30-Jährige einen Kahnbeinbruch am rechten Handgelenk zugezogen hatte, zwangen ihn vier Tage vor dem Finale in Paris zur Aufgabe. »Ich habe es versucht, aber schnell gemerkt, dass es nicht geht«, erklärte der T-Mobile-Fahrer enttäuscht.

Nach nur 16 km der 17. Etappe stieg Klöden vom Rad. Zuvor war er bereits einige Minuten am Ende des Feldes gefahren, ehe er am Beginn des ersten Anstiegs endgültig distanziert wurde: »Ich hatte gehofft, dass ich diese Etappe erst mal überstehe, aber es war einfach nichts mehr zu machen.« Der »Edelhelfer« von Teamkapitän Jan Ullrich stieg ins Begleitfahrzeug.

Im Gesamtklassement hatte Klöden bis zu seinem Ausstieg auf Rang elf mit 12:01 Minuten Rückstand auf das Gelbe Trikot von Lance Armstrong gelegen. Eigene Ambitionen hatte er bei seinem insgesamt vierten Tourstart zurückgestellt. »Das einzige Ziel ist, Jan so weit wie möglich nach vorne zu bringen.«

Nach einem verkorksten Frühjahr war Klöden gerade rechtzeitig zur Tour wieder in Form gekommen: »Ich war an Jans Seite, wenn er mich gebraucht hat und konnte ihn unterstützen, als er auch mal in Schwierigkeiten war. Ich denke, ich habe meine Aufgabe erfüllt.«

Für die Zukunft hat der Wahl-Schweizer noch große Ziele: »Ich bin bei der Tour schon Zweiter geworden – klar habe ich den Traum, noch einmal ganz oben zu stehen.«

Sie setzten sich von ihrer ursprünglich elf Fahrer starken Ausreißergruppe ab und machten das Ende des Rennens unter sich aus: Cadel Evans, Eddy Mazzoleni und Oscar Pereiro. Evans hatte zuvor am Col d'Aubisque attackiert und schob sich in der Gesamtwertung in die Top Ten.

Winokurow und Klöden auf dem 16,5 km langen Anstieg des 1709 m hohen Col d'Aubisque abwechselnd mit ständigen Attacken schnell für eine Selektierung der Spitzengruppe. Doch weder Armstrong, noch der zweitplatzierte Ivan Basso (Italien) oder Michael Rasmussen (Dänemark) ließen sich abschütteln. Am Ende erreichten alle Favoriten gemeinsam 3:24 Minuten hinter Tagessieger Oscar Pereiro (Spanien) das Ziel. Dennoch lässt sich Ullrich nicht entmutigen: »Es kommen noch schwere Etappen und das Zeitfahren. Ich werde es weiter probieren. Die Tour ist noch nicht zu Ende.« Doch die Chancen werden weniger. 2:49 Minuten liegt der T-Mobile-Kapitän hinter Rasmussen, weitere 25 Sekunden mehr sind es auf Basso.

Armstrong ist mit einem Vorsprung von 5:58 Minuten schon längst außer Reichweite.

So werden beim Amerikaner die Zweifel am siebten Toursieg immer geringer, die Vorfreude auf Paris nimmt dagegen zu. »Ich versuche diese Momente zu genießen und in Erinnerung zu behalten, denn im nächsten Jahr gibt es für mich kein Gelbes Trikot mehr«, meinte Armstrong, nachdem er auf seiner Triumphfahrt in Richtung französische Hauptstadt

> **Tour-Info**

16. Etappe Mourenx – Pau

Mit der letzten schweren Bergetappe wird das Finale eingeläutet. Auf der 16. Etappe über 180,5 km von Mourenx und dem nur knapp 30 km Luftlinie entfernten Pau verabschieden sich die Fahrer aus den Pyrenäen. Nach dem Start im 8000 Einwohner zählenden Mourenx, das sich aus einem noch mittelalterlich geprägten Dorf nach der Entdeckung von Erdgasvorkommen 1958 zum »Baku der Pyrenäen« entwickelte, warten vier Bergpreise. Das elegante Pau sieht die »Helden der Landstraße« zum 58. Mal seit 1930. In der »Grünen Stadt« mit zahlreichen, teils schon im 16. Jahrhundert unterhalb des Renaissance-Schlosses von König Heinrich IV. angelegten Parks und Gärten, gab es 1977 durch »Didi« Thurau und 1997 durch Erik Zabel deutsche Siege.

auch den letzten Berg der Ehrenkategorie unbeschadet überstanden hatte. Locker und gelöst nahm er auf dem Podium die Gratulation von Bernard Hinault entgegen. Mit dem fünfmaligen Toursieger aus Frankreich steht Armstrong in puncto »Maillot Jaune« nun auf einer Stufe. Zum 78. Mal und damit genauso oft wie Hinault schlüpfte Armstrong ins Gelbe Trikot. Nur Eddy Merckx bleibt mit 96 Tagen in Gelb unerreicht. Bester Deutscher auf der 16. Etappe war Jörg Ludewig auf dem siebten Platz. Doch Freude wollte bei ihm nicht aufkommen. In der elfköpfigen Spitzengruppe, in der sich Ludewig befand, hatte der Australier Cadel Evans entgegen der Absprache am Aubisque attackiert. Ludewig und weitere Fahrer konnten nicht folgen. »Jetzt hat er zehn Feinde mehr«, so der Fahrer vom Team Domina Vacanze.

Zu Evans waren 50 Kilometer vor dem Ziel noch Oscar Pereiro und Xabier Zandio (Spanien) sowie der Italiener Eddy Mazzoleni aufgeschlossen und machten den Tagessieg unter sich aus. Nach seinem zweiten Platz auf der zweiten Pyrenäen-Etappe hinter dem Amerikaner George Hincapie sicherte sich Phonak-Fahrer Pereiro endlich den heißersehnten Etappensieg.

»Hühnchen« Rasmussen mag's rot-gepunktet

Gerade drei Jahre im Geschäft, bei 1,75 m keine 60 kg schwer, aber frech wie Oskar: Schlaks Michael Rasmussen legt sich bei der Tour de France mit den Großen des Radsports an. Mit diesem Gegner hatte Lance Armstrong auf dem Weg zum Sieg nicht gerechnet. Jan Ullrich, Ivan Basso oder Alexander Winokurow – klar, aber doch nicht Rasmussen, der gerade einmal seine zweite Frankreich-Schleife fährt. Selbst als der frühere Mountainbike-Profi begann, emsig Punkte für das rot-gepunktete Bergtrikot zu sammeln, nahm ihn Armstrong nicht ernst. Zu Beginn der letzten Tour-Woche belegt er als Dritter einen Podiumsplatz.

Seine Schwäche im Zeitfahren ist allerdings eine Hypothek, wenn auf der vorletzten Touretappe noch einmal 55,5 km im Kampf gegen die Uhr anstehen. Teamchef Theo de Rooij traut seinem Schützling dennoch einiges zu: »Beim letzten Tour-Zeitfahren hat es oft Überraschungen gegeben, da sind schon viele über sich hinausgewachsen«, sagt der Niederländer. Hinter Rasmussen wartet dagegen mit Jan Ullrich ein guter Zeitfahrer, der zu gern an dem in Österreich lebenden Dänen vorbei ziehen würde.

Seinen Spitznamen »Chicken« (Hühnchen) erhielt der ehemalige Mountainbike-Weltmeister nach seinem Wechsel vom Gelände auf die Straße 2002. Rasmussen bringt während der Tour gerade einmal 58 kg auf die Waage. Die 15 Kilo Gewichtsvorteil gegenüber einem Armstrong oder Ullrich kommen ihm in den Bergen zugute, beim Zeitfahren nicht unbedingt. Das Leichtgewicht kam 2003 zum niederländischen Team Rabobank; bei seiner ersten Tour 2004 erreichte er Paris auf dem 14. Platz.

≫ Tour-Tagebuch – 16. Etappe: Dienstag, 19. Juli – Mourenx – Pau (180,5 km)

1. Oscar Pereiro (PHO) 4:38:40 Stunden (38,8 km/h)
2. Xabier Zandio (IBA), 3. Eddy Mazzonleni (LAM), 4. Cadel Evans (DVL),
5. Philippe Gilbert (FDJ) 2:25 Ninuten zurück, 6. Antholy Geslin (BTL),
7. Jörg Ludewig (DOM), 8. Juan Antonio Flecha (FAS), 9. Ludovic Turpin (A2R),
10. Cedric Vasseur (COF)

11. Marcos Serrano (LSW) 2:28, 12. Jerome Pineau (BTL) 2:32, 13. Franco Pellizotti (LIQ) 3:24, 14. Laurent Brochard (BTL), 15. Pierrick Fedrigo (BTL), 16. Sylvain Chavanel (COF), 17. Fabian Wegmann (GST), 18. Lorenzo Bernucci (FAS), 19. Salvatore Commesso (LAM), 20. Maxim Iglinskij (DOM), 21. Christophe Moreau (C.A), ... 24. Bobby Julich (CSC), 25. Georg Totschnig (GST), ... 27. Jan Ullrich (TMO), 28. George Hincapie (DSC), 29. Levi Leipheimer (GST), 30. Jaroslav Popowitsch (DSC), ... 33. Giuseppe Guerini (TMO), ... 35. Francisco Mancebo (IBA), 36. Lance Armstrong (DSC), 37. Michael Rasmussen (RAB), 38. Ivan Basso (CSC), ... 41. Haimar Zubeldia (EUS), ... 44. Floyd Landis (PHO), ... 50. Oscar Sevilla (TMO), 51. Alexander Winokurow (TMO), ... 56. Jörg Jaksche (LSW), ... 59. Andrej Kaschetschkin (C.A), 60. Leonardo Piepoli (SDV), 61. Andreas Klöden (TMO) alle gleiche Zeit, ... 64. Tobias Steinhauser (TMO) 3:40, ... 73. Patrik Sinkewitz (QST) 10:05, ... 78. Daniele Nardello (TMO), ... 83. Sebastian Lang (GST) beide gleiche Zeit, ... 85. Igor Flores (EUS) 20:16, ... 87. Matthias Kessler (TMO), 88. Ronny Scholz (GST), 89. Stephan Schreck (TMO), 90. Bert Grabsch (PHO), 91. Beat Zberg (GST), ... 116. Thor Hushovd (C.A) alle gleiche Zeit, ... 123. Daniel Becke (IBA) 21:33, 124. Michael Rich (GST), ... 136. Peter Wrolich (GST), ... 151. Robert Förster (GST), ... 156. (Letzter) Laszlo Bodrogi (C.A) alle gleiche Zeit. – **Nicht angetreten:** Magnus Backstedt (LIQ), Gianluca Bortolami (LAM) (alle 156 Starter im Ziel klassiert)

Gesamtwertung (Gelbes Trikot): 1. Armstrong 66:52:03 Stunden, 2. Basso 2:46 Minuten zurück, 3. Rasmussen 3:09, 4. Ullrich 5:58, 5. Mancebo 6:31, 6. Leipheimer 7:35, 7. Evans 9:29, 8. Landis 9:33, 9. Winokurow 9:38, 10. Moreau 11:47, 11. Klöden 12:01, 12. Mazzoleni 14:24, 13. Popowitsch 14:27, 14. Zubeldia 15:26, 15. Pereiro 15:40, 16. Jaksche 18:16, 17. Julich 19:03, 18. Hincapie 19:35, 19. Kaschetschkin 20:35, 20. Piepoli 25:48, 21. Guerini 27:20, ... 24. Zandio

38:39, 25. Sevilla 38:51, ... 27. Totschnig 41:44, ... 37. Ludewig 1:07:05 Stunde, ... 49. Vasseur 1:34:32, ... 57. Nardello 1:50:52, 58. Sinkewitz 1:50:57, ... 67. Flecha 2:01:25 Stunden, 68. Lang 2:01:39, 69. Kessler 2:01:42, 70. Gilbert 2:04:47, ... 78. Steinhauser 2:10:30, ... 81. Wegmann 2:13:00, ... 84. Schreck 2:15:07, ... 89. Zberg 2:24:16, ... 92. Scholz 2:27:31, ... 94. Geslin 2:30:35, 95. Turpin 2:31:15, ... 105. Grabsch 2:41:48, ... 113. Hushovd 2:57:42, ... 117. Bodrogi 3:00:56, ... 134. Rich 3:17:55, ... 147. Wrolich 3:29:46, ... 150. Becke 3:34:18, ... 152. Förster 3:36:53, ... 156. (Letzter) Flores 3:49:57

Punktwertung (Grünes Trikot): 1. Hushovd 164 Punkte, 2. O'Grady 150, 3. McEwen 142, 4. Winokurow 90, 5. Förster 84, 6. Pereiro 82, ... 8. Wrolich 79, ... 15. Armstrong 66, ... 20. Ullrich 54, ... 29. Klöden 36, ... 32. Totschnig 29, 33. Becke 29, ... 38. Lang 25, ... 58. Wegmann 16, ... 69. Jaksche 12, ... 78. Ludewig 9, 79. Schreck 9, ... 87. Grabsch 6

Bergwertung (Rot-Gepunktetes Trikot): 1. Rasmussen 185 Punkte, 2. Pereiro 135, 3. Armstrong 92, 4. Boogerd 90, 5. Moreau 89, 6. Botero 88, 7. Brochard 75, 8. Hincapie 74, 9. Cauccioli 73, 10. Winokurow 71, 11. Basso 65, 12. Ullrich 56, 13. Totschnig 53, ... 24. Ludewig 28, ... 30. Klöden 20, ... 36. Jaksche 17, ... 51. Wegmann 10, ... 69. Scholz 3

Nachwuchsfahrer (Weißes Trikot): 1. Popowitsch 67:06:30 Stunden, 2. Kaschetschkin 6:08 Minuten zurück, 3. Contador 36:42, 4. Iglinskj 54:02, 5. Pineau 1:04:20 Stunde, 6. Karpets 1:18:30, ... 8. Sinkewitz 1:36:30, ... 12. Wegmann 1:58:33

Mannschaftswertung: 1. T-Mobile Team/Deutschland 198:30:13 Stunden, 2. Discovery Channel/USA 19:28 Minuten zurück, 3. Team CSC/Dänemark 21:58, 4. Credit Agricole/Frankreich 28:11, 5. Illes Balears/Spanien 28:45, 6. Phonak/Schweiz 31:06, 7. Liberty Seguros/Spanien 1:30:18 Stunde, ... 10. Team Gerolsteiner/Deutschland 2:15:43 Stunden, ... 16. Domina Vacanze/Italien 3:40:01 Stunden, ... 21. (Letzter) Quick Step/Belgien 5:42:18

Kämpfer des Tages: Oscar Pereiro

Komplette Starterliste Seite 110

Lange Gesichter bei Ullrich & Co.

Niederlagen wegstecken und trotzdem weiter auf Angriff fahren. Seinen »Edelhelfer« vom Rad steigen sehen und dennoch die Hoffnung auf einen Podiumsplatz nicht aufgeben: Jan Ullrich ist scheinbar nicht kleinzukriegen. Er lässt kaum eine Chance ungenutzt, die Führungs-Troika in den Steigungen anzugreifen. Aber auch auf der längsten Etappe waren seine Attacken erfolglos, die Fahrer des Gesamtklassements wachsam.

≫ **Tour-Info**

17. Etappe Pau – Revel

Nach Alpen und Pyrenäen geht es jetzt ins Zentral-massiv. Auf dem Weg von Pau nach Revel warten je zwei Bergpreise der 3. und 4. Kategorie auf die Fahrer, denen auf dem welligen Terrain »giftige« Anstiege mit bis zu sieben Prozent Steigung bevorstehen. Die Fahrt in die ehemalige Festungsstadt Revel verläuft entlang mittelalterlich geprägter Ortschaften, die schon während der Religionskriege im 16. Jahrhun-dert auf dem Weg der Pilger in den spanischen Wall-fahrtsort Santiago de Compostela Raststätten waren.

T-Mobile macht mit Alexander Winokurow, Jan Ullrich und Daniele Nardello (von links) das Tempo an der Spitze der Hauptgruppe. Die Verfolger liegen zu diesem Zeitpunkt schon weit hinter einer Ausreißergruppe zurück.

Oscar Sevilla, von Beginn an in der Spitzengruppe der 17. Etappe, wirft eine leere Trinkflasche weg. Für die Zuschauer sind die Bidons willkommene Souvenirs. (oben)

Giro-Sieger Paolo Savoldelli gewann als zweiter Fahrer des amerikanischen Discovery-Teams eine Tour-Etappe.

Der Abgang von Alexander Winokurow zum Saisonende, das vorzeitige Aus für Andreas Klöden und der Verlust der Führung in der Mannschaftswertung sorgten beim T-Mobile-Team für Frust. »Die Geschichten mit Wino und Klödi sind beide sehr traurig«, erklärte Teamkapitän Jan Ullrich. Auch der designierte Teamchef Olaf Ludwig musste die Rückschläge erst einmal verkraften: »Ich bin natürlich ganz schön enttäuscht.«

Ein harter Schlag war vor allem der definitive Weggang des Kasachen Winokurow: »Ich fand, wir waren eine gute Mannschaft – schade, dass Wino uns verlässt«, bedauerte Ullrich den Verlust seines langjährigen Weggefährten und Freundes. Hinzu kam die verletzungsbedingte Aufgabe des letztjährigen Tour-Zweiten Klöden: »Mit einem gebrochenen Kahnbein weiterzufahren, geht einfach nicht. Das war mir klar.« Zu allem Überfluss verlor die Magenta-Truppe auf der mit 239,5 km längsten Etappe auch noch ihre scheinbar sichere Führung in der Teamwertung. Beim Tagessieg von Giro-Sieger Paolo Savoldelli (Italien) verspielten Ullrich & Co. ihren komfortablen 20-Minuten-Vorsprung in der Teamwertung und gaben ihre einzige Spitzenposition an Lance Armstrongs Discovery-Team ab. Erst 22:28 Minuten hinter dem Etappensieger kam das Hauptfeld mit allen Favoriten ins Ziel.

Flucht ab Kilometer 30

Die Fluchtgruppe, in der T-Mobile durch den Spanier Oscar Sevilla vertreten war, hatte sich nach 30 km gebildet und ihren Vorsprung kontinuierlich ausgebaut. Nach zahlreichen Attacken in der Schlussphase des Rennens konnten sich vier Fahrer von ihren Mitausreißern absetzen, bevor sich Discovery-Profi Savoldelli schließlich im Schlussspurt durchsetzte. Zweiter wurde der Norweger Kurt-Asle Arvesen (CSC), auf Platz drei kam der Australier Simon Gerrans (AG2R). Sevilla hatte als Sechster mit der Entscheidung nichts zu tun. »Ich habe mich eigentlich ganz gut gefühlt und versucht zu attackieren, um unsere Führung in der Teamwertung zu retten. Leider ist mir das nicht gelungen«, erklärte der 28-Jährige.

Auf die Gesamtwertung hatte die lange Etappe keinen Einfluss. Unverändert führt Armstrong mit 2:46 Minuten Vorsprung vor dem Italiener Ivan Basso. Dritter ist der Däne Michael Rasmussen (3:09 Minuten zurück), als Vierter folgt Ullrich mit 5:58 Minuten Rückstand.

»Das war ein harter Arbeitstag. Die längste Etappe war superschwer. Kein Meter war flach, und mein Versuch am Ende noch einmal zu beschleunigen hat nicht geklappt, weil der Anstieg nicht schwer genug war«, sagte Ullrich.

Basso, der lachende Zweite

Ivan Basso lächelt. Morgens im Teamhotel beim Frühstück mit der Mannschaft, mittags am Etappenstart im Kreis der Fahrerkollegen und manchmal sogar während des Rennens beim lockeren Plausch mit seinen Gegnern. Wer den Italiener im Rennen erlebt, würde ihm kaum zutrauen, dass er seine Konkurrenten wann immer möglich attackiert und ihre Schwächen gnadenlos ausnutzt. Doch seine Freundlichkeit hindert den 27-Jährigen nicht am Erfolg. »Wer gewinnen will, braucht kein aggressives Gesicht, sondern aggressive Beine«, sagt Basso, der im Gesamtklassement derzeit die Nummer zwei hinter Lance Armstrong ist. Das Gelbe Trikot wird er dem US-Amerikaner bis zum Finale in Paris wohl nicht mehr abjagen. Doch der Kapitän des dänischen CSC-Rennstalls gilt bei vielen schon als legitimer Nachfolger des scheidenden Seriensiegers. »Ivan hat gezeigt, dass er die Tour gewinnen kann, er kann der Mann nach Armstrong sein«, ist CSC-Teamchef Bjarne

Riis überzeugt. Der Toursieger von 1996 verlängerte gerade den Vertrag mit Basso um zwei Jahre bis 2008: »Bei uns bekommt er die Unterstützung, die er als künftiger Tour-Gewinner braucht.«
Zahlreiche andere Angebote schlug der Tour-Dritte des vergangenen Jahres dagegen aus, darunter eines von Armstrongs Team Discovery Channel. »Dass sich das beste Team der Welt für mich interessiert, ist eine große Ehre, aber ich fühle mich bei CSC sehr wohl.« Riis glaubt zu wissen, warum: »Bei uns kann Ivan er selbst sein. Er ist kein zweiter Armstrong und muss es auch nicht sein, um Erfolg zu haben.«
Auch wenn Armstrong und Basso vom Typ her ganz unterschiedlich sein mögen, sind sie einander doch sehr sympathisch. Als Bassos inzwischen verstorbene Mutter im vergangenen Jahr an Krebs erkrankte, erhielt er einen

Anruf des Amerikaners, der ihm die Unterstützung seiner nach der Heilung vom Hodenkrebs 1998 entstandene Krebshilfestiftung (Lance Armstrong Foundation) anbot. Am Ende des Gesprächs, das in einem dänischen Dokumentarfilm über die Tour 2004 aufgezeichnet ist, versicherte Basso, er würde sich freuen, wenn er die angebotene Hilfe erwidern könnte, was teilweise als »Nichtangriffspakt« zwischen den beiden Sportlern interpretiert wurde.
2006 soll Basso hingegen nichts mehr vom Sturm auf den Thron abhalten. »Nächstes Jahr werde ich bereit sein«, sagt der Gewinner der Tour-Nachwuchswertung von 2002. Auch beim T-Mobile Team hat man für die Nach-Armstrong-Ära vor allem Basso auf der Rechnung. »Der Sieg wird nächstes Mal nur über Ivan gehen«, glaubt Andreas Klöden.

≫ Tour-Tagebuch – 17. Etappe: Mittwoch, 20. Juli – Pau – Revel (239,5 km)

1. Paolo Savoldelli (DSC) 5:41:19 Stunden (42,1 km/h)
2. Kurt-Asle Arvesen (CSC), 3. Simon Gerrans (A2R) 0:08 Minuten zurück,
4. Sebastien Hinault (C.A) 0:11, 5. Andrej Griwko (DOM) 0:24, 6. Oscar Sevilla (TMO) 0:51,
7. Bram Tankink (QST), 8. Daniele Righi (LAM), 9. Samuel Dumoulin (A2R) 3:14,
10. Allan Davis (LSW)

11. Pierrick Fedrigo (BTL), 12. Dario Cioni (LIQ), 13. Jose Luis Rubiera (DSC) alle gleiche Zeit, 14. Carlos Da Cruz (FDJ) 4:09, 15. Erik Dekker (RAB), 16. Stephane Auge (COF), 17. Thomas Lövkvist (FDJ) alle gleiche Zeit, 18. Jaroslaw Popowitsch (DSC) 22:28, 19. Alexander Winokurow (TMO), 20. George Hincapie (DSC), 21. Levi Leipheimer (GST), 22. Jan Ullrich (TMO), 23. Lance Armstrong (DSC), 24. Michael Rasmussen (RAB), 25. Eddy Mazzoleni (LAM), 26. Ivan Basso (CSC), 27. Francisco Mancebo (IBA), ... 29. Thor Hushovd (C.A), ... 31. Christophe Moreau (C.A), 32. Cadel Evans (DVL), 33. Floyd Landis (PHO), ... 35. Haimar Zubeldia (EUS), 36. Oscar Pereiro (PHO), ... 38. Georg Totschnig (GST), ... 40. Jörg Jaksche (LSW), ... 41. Andrej Kaschetschkin (C.A), 42. Leonardo Piepoli (SDV) alle gleiche Zeit, ... 50. Jörg Ludewig (DOM) 23:27, ... 66. Ronny Scholz (GST) 24:20, ... 73. Bobby Julich (CSC), ... 77. Bert Grabsch (PHO), ... 98. Robert Förster (GST), 99. Sebastian Lang (GST), ... 104. Patrik Sinkewitz (QST), ... 106. Daniele Nardello (TMO), 107. Giuseppe Guerini (TMO), ... 119. Peter Wrolich (GST), 120. Michael Rich (GST) alle gleiche Zeit, ... 131. Fabian Wegmann (GST) 25:54, ... 136. Beat Zberg (GST), ... 139. Daniel Becke (IBA), ... 148. Igor Flores (EUS) alle gleiche Zeit, ... 151. Matthias Kessler (TMO) 27:35, 152. Stephan Schreck (TMO), 153. Tobias Steinhauser (TMO), ... 155. (Letzter) Matthew White (COF) alle gleiche Zeit. – **Aufgegeben:** Andreas Klöden (TMO) (155 von 156 Startern im Ziel klassiert)

Gesamtwertung (Gelbes Trikot): 1. Armstrong 72:55:50, 2. Basso 2:46 Minuten zurück, 3. Rasmussen 3:09, 4. Ullrich 5:58, 5. Mancebo 6:31, 6. Leipheimer 7:35, 7. Winokurow 9:38, 8. Evans 9:49, 9. Landis 9:53, 10. Moreau 12:07, 11. Mazzoleni 14:24, 12. Popowitsch 14:27, 13. Zubeldia 15:46, 14. Pereiro 15:36, 15. Sevilla 17:10, 16. Jaksche 18:36, 17. Hincapie 19:35, 18. Julich 20:55, 19. Kaschetschkin gleiche Zeit, 20. Piepoli 26:08, ... 22. Guerini 29:12, ... 24. Savoldelli 29:59, ... 26. Totschnig 42:04, ... 37. Ludewig 1:08:04 Stunde, ... 58. Nardello 1:52:44, 59. Sinke-

witz 1:52:49, ... 68. Lang 2:03:31 Stunden, ... 71. Kessler 2:06:49, ... 78. Griwko 2:12:11, ... 81. Steinhauser 2:15:37, 82. Davis 2:16:00, 83. Wegmann 2:16:26, ... 86. Schreck 2:20:14, ... 88. Arvesen 2:22:50, ... 92. Zberg 2:27:42, ... 95. Scholz 2:29:23, ... 106. Grabsch 2:43:40, 107. Righi 2:44:06, ... 111. Tankink 2:50:21, ... 113. Hinault 2:53:50, 114. Hushovd 2:58:02, 115. Dumoulin 2:58:30, ... 120. White 3:00:52, ... 122. Gerrans 3:03:51, ... 134. Rich 3:19:47, ... 145. Wrolich 3:31:38, ... 150. Becke 3:37:44, 151. Förster 3:38:45, ... 155. (Letzter) Flores 3:53:23

Punktwertung (Grünes Trikot): 1. Hushovd 164 Punkte, 2. O'Grady 150, 3. McEwen 142, 4. Davis 101, 5. Winokurow 97, 6. Förster 84, ... 9. Wrolich 79, ... 15. Armstrong 69, ... 17. Ullrich 58, ... 39. Becke 29, ... 46. Lang 25, ... 57. Wegmann 16, ... 79. Jaksche 12, ... 87. Ludewig 9, ... 89. Schreck 9, ... 95. Grabsch 6

Bergwertung (Rot-Gepunktetes Trikot): 1. Rasmussen 185 Punkte, 2. Pereiro 135, 3. Armstrong 92, 4. Boogerd 90, 5. Moreau 89, 6. Botero 88, 7. Brochard 75, 8. Hincapie 74, 9. Cauccioli 73, 10. Winokurow 72, 11. Basso 65, 12. Ullrich 56, 13. Totschnig 53, ... 25. Ludewig 28, ... 35. Jaksche 17, ... 51. Wegmann 10, ... 69. Scholz 3

Nachwuchsfahrer (Weißes Trikot): 1. Popowitsch 73:10:17 Stunden, 2. Kaschetschkin 6:28 Minuten zurück, 3. Contador 38:34, 4. Kriglinskj 55:03, 5. Pineau 1:07:05 Stunde, 6. Karpets 1:20:22, ... 8. Sinkewitz 1:38:22, ... 14. Wegmann 2:01:59

Mannschaftswertung: 1. Discovery Channel/USA 216:19:20 Stunden, 2. T-Mobile Team/Deutschland 0:37 Minuten zurück, 3. Team CSC/Dänemark 22:04, 4. Credit Agricole/Frankreich 28:48, 5. Illes Balears/Spanien 53:52, 6. Phonak/Schweiz 54:20, 7. Liberty Seguros/Spanien 1:34:39 Stunde, ... 11. Team Gerolsteiner/Deutschland 2:40:09 Stunden, ... 16. Domina Vacanze/Italien 3:42:11 Stunden, ... 21. (Letzter) Quick Step/Belgien 5:46:39

Kämpfer des Tages: Sebastien Hinault

Komplette Starterliste Seite 110

Ullrich kämpft sich an Platz drei heran

Eigentlich hatte man die Hoffnung schon aufgegeben, Jan Ullrich könne den Abstand zum Drittplatzierten in der Gesamtwertung, Michael Rasmussen, schon vor dem Einzelzeitfahren verringern. Doch beim Anstieg zum letzten Berg der 2. Kategorie kurz vor dem Ziel auf dem Regionalflughafen in Mende musste der Däne in niederländischen Diensten den Kontakt zur Gruppe mit Armstrong, Basso, Evans und eben Ullrich abreißen lassen.

Jan Ullrich kämpfte sich mit letzter Kraft an das Hinterrad von Lance Armstrong, blickte kurz noch einmal zurück – doch von Michael Rasmussen war nichts mehr zu sehen. 37 Sekunden knöpfte der T-Mobile-Profi am steilsten Anstieg im Zentralmassiv seinem dänischen Rivalen im Kampf um Rang drei ab und verbesserte damit seine Chancen auf einen Platz auf dem Podium in Paris erheblich. »Mir pfeifen ganz schön die

>> **Tour-Info**

18. Etappe Albi – Mende
Ein giftiger Anstieg mit 10,1 % Steigung auf 3,1 km kurz vor dem Ziel verspricht ein spannendes Finale im Kampf um Sekunden. Bei der Fahrt über 189 km im Herzen des Zentralmassivs warten fünf Bergwertungen auf welligem Terrain, wobei die 1084 m hohe Côte de la Croix-Neuve vor dem Zielbereich die größte Hürde ist. In Albi, Heimatstadt des weltberühmten Malers Henri de Toulouse-Lautrec (1864-1901), gastiert die Tour zum 10. Mal. Im mittelalterlich geprägten Mende mit Ursprüngen aus dem 4. Jahrhundert ist die Tour zum zweiten Mal nach 1999 zu Gast.

Lungen. Ich habe um jede Sekunde gekämpft«, befand der Rostocker nach dem Schlagabtausch auf dem Teilstück über 189 km von Albi nach Mende.
2:12 Minuten liegt Ullrich nur noch hinter dem drittplatzierten Rasmussen und verschaffte sich damit eine gute Ausgangsposition für seine Spezialdisziplin, das Einzelzeitfahren in St. Etienne. »Diese 37 Sekunden können noch ganz wichtig sein, auch wenn der Rückstand immer noch recht groß ist. Wir sollten Rasmussen nicht unterschätzen, er ist gut drauf«, analysierte T-Mobile-Sportdirektor Mario Kummer die Situation.
Zuvor hatte Ullrich auf dem 3,1 km langen Schlussanstieg mit durchschnittlich 10,1 Prozent an der Côte de la Croix-Neuve den Kontakt zu Armstrong, Ivan Basso und Cadel Evans mit letztem Kraftaufwand nicht abreißen lassen. Vor allem Armstrong war es, der mächtig auf das Tempo gedrückt und für eine rasche Selektierung der ersten Verfolgergruppe gesorgt hatte.

Der Tagessieg ging unterdessen an den Spanier Marcos Serrano, der im Finale einer zehnköpfigen Spitzengruppe seine Qualitäten als Kletterer ausgespielt und 11:18 Minuten vor der Armstrong-Gruppe das Ziel erreicht hatte.
Im Gesamtklassement gab es auf den ersten Plätzen bis auf die Zeitdifferenz von Rasmussen keine Veränderungen. Dieser hat einen Rückstand von 3:46 Minuten auf Armstrong, dahinter folgt Ullrich (5:58). »Ich hatte am letzten Anstieg keine Kraft mehr. 37 Sekunden zu verlieren ist aber keine Katastrophe. Platz drei ist immer noch für mich möglich«, meinte der Däne, der nicht gerade als ausgemachter Zeitfahrer gilt.
Ein Platz auf dem Podium in Paris ist Rasmussen aber auf jeden Fall sicher. Der 31-Jährige sicherte sich vorzeitig den Titel des »Kletterkönigs«. Der Rabobank-Profi, der damit als erster Däne die Bergwertung der Tour gewinnt, ist mit 185 Punkten auf den letzten

Matthias Kessler führt die Ausreißergruppe vor dem Spanier Egoi Martinez an. Kesslers Einsatz brachte T-Mobile wieder an die Spitze der Mannschaftswertung.

Quartett ohne Rasmussen. Nach einer Tempoverschärfung am letzten Berg rollten Cadel Evans, Jan Ullrich, Ivan Basso und Lance Armstrong (von links) 37 Sekunden vor den nächsten Verfolgern mit dem Drittplatzierten Michael Rasmussen ins Ziel (links).

Das Fahrerfeld unter der höchsten Autobahnbrücke weltweit, dem »Viaduc de Millau« nahe dem südfranzösischen Städtchen Millau. Die Brücke wurde im Dezember 2004 offiziell eingeweiht.

Marcos Serrano setzt sich im Finale von seinen Begleitern ab. Axel Merckx hat das Nachsehen (rechts).

Etappen nicht mehr von der Spitze zu verdrängen und tritt die Nachfolge von Rekordsieger Richard Virenque an, wenn er bis Paris durchhält. »Ich habe eine Etappe und das Bergtrikot gewonnen und damit meine Ziele erreicht, alles andere ist ein Bonus«, sagte das Leichtgewicht.

Alles für die Mannschaft

Gute Chancen auf einen Podiumsplatz hat auch wieder das T-Mobile-Team. Da Matthias Kessler im Gegensatz zu Discovery-Fahrern in der Ausreißergruppe vertreten war, holte sich T-Mobile den ersten Platz in der Teamwertung zurück. Der Bonner Radrennstall, der die Mannschaftswertung bereits 1997 und 2004 gewann, verfügt nun wieder über einen komfortablen Vorsprung von 11:26 Minuten auf den US-Rennstall.

»Das war eine starke Teamleistung. Matthias hat toll gekämpft, das war wichtig für die Teamwertung«, meinte Ullrich. Im Finale konnte Kessler die Tempoverschärfung allerdings nicht mehr mitgehen und wurde 1:44 Minuten zurück Achter. »Da hatte ich nicht so gute Beine, aber ich habe alles für die Mannschaft gegeben«, so der Franke, der zwei Tage zuvor noch gestürzt war und dabei eine Gehirnerschütterung sowie eine Stauchung der Wirbelsäule erlitten hatte. Eine Überraschung gab es für Spitzenreiter Lance Armstrong. Er musste sich am Abend einer zusätzlichen Dopingkontrolle in Form eines Bluttests stellen. Normalerweise werden die Etappensieger und der Fahrer im Gelben Trikot nach jeder Etappe zur üblichen Urinprobe gebeten. Die Blutuntersuchung erfolgte auf Anordnung des französischen Sportministeriums in Absprache mit dem Radsport-Weltverband UCI.

≫ Tour-Tagebuch – 18. Etappe: Donnerstag, 21. Juli – Albi – Mende (189 km)

1. Marcos Serrano (LSW) 4:37:36 Stunden (40,9 km/h)
2. Cedric Vasseur (COF) 0:27 Minuten zurück, **3.** Axel Merckx (DVL),
4. Xavier Zandio (IBA) 1:08, **5.** Franco Pellizotti (LIQ), **6.** Thomas Voeckler (BTL) 1:28,
7. Luke Roberts (CSC), **8.** Matthias Kessler (TMO) 1:44, **9.** Egoi Martinez (EUS) 2:03,
10. Carlos Da Cruz (FDJ) 2:38

11. Cadel Evans (DVL) 11:18, **12.** Lance Armstrong (DSC), **13.** Ivan Basso (CSC), **14.** Jan Ullrich (TMO) alle gleiche Zeit, **15.** Alexander Winokurow (TMO) 11:55, **16.** Michael Rasmussen (RAB), **17.** Levi Leipheimer (GST), **18.** Francisco Mancebo (IBA) alle gleiche Zeit, **19.** Leonardo Piepoli (SDV) 12:01, **20.** Floyd Landis (PHO), **21.** Eddy Mazzoleni (LAM) alle gleiche Zeit, **22.** Christophe Moreau (C.A) 12:28, **23.** Georg Totschnig (GST), **24.** Oscar Pereiro (PHO) beide gleiche Zeit, **25.** Jaroslaw Popowitsch (DSC) 12:44, **26.** Laurent Brochard (BTL) 12:58, **27.** Haimar Zubeldia (EUS), **28.** Bobby Julich (CSC), **29.** George Hincapie (DSC), **30.** Jörg Jaksche (LSW) alle gleiche Zeit, ... **38.** Andrej Kaschetschkin (C.A) 14:03, ... **42.** Oscar Sevilla (TMO) 14:14, ... **44.** Jörg Ludewig (DOM) 14:27, ... **54.** Daniele Nardello (TMO) 15:20, ... **55.** Giuseppe Guerini (TMO) gleiche Zeit, ... **57.** Sebastian Lang (GST) 15:39, ... **63.** Patrik Sinkewitz (QST) 17:48, **64.** Fabian Wegmann (GST) 18:12, **65.** Robbie McEwen (DVL) 18:18, **66.** Stephan Schreck (TMO) 19:01, **67.** Bert Grabsch (PHO), **68.** Ronny Scholz (GST), ... **75.** Paolo Savoldelli (DSC) alle gleiche Zeit, ... **109.** Michael Rich (GST) 21:03, ... **111.** Daniel Becke (IBA) ... **115.** Beat Zberg (GST) ... **117.** Tobias Steinhauser (TMO), ... **131.** Peter Wrolich (GST), ... **137.** Igor Flores (EUS), **138.** Thor Hushovd (C.A) alle gleiche Zeit, ... **146.** Stuart O'Grady (COF), ... **155.** (Letzter) Robert Förster (GST) 22:21 (alle 155 Starter im Ziel klassiert)

Gesamtwertung (Gelbes Trikot): 1. Armstrong 77:44:44, 2. Basso 2:46 Minuten zurück, 3. Rasmussen 3:46, 4. Ullrich 5:58, 5. Mancebo 7:08, 6. Leipheimer 8:12, 7. Evans 9:49, 8. Winokurow 10:11, 9. Landis 10:42, 10. Moreau 13:15, 11. Mazzoleni 15:13, 12. Popowitsch 15:53, 13. Pereiro 17:10, 14. Zubeldia 17:26, 15. Sevilla 20:06, 16. Jaksche 20:16, 17. Hincapie 21:15, 18. Julich 22:35, 19. Kaschetschkin 23:40, 20. Piepoli 26:51, 21. Zandio 29:26, ... 24. Guerini 33:14, 25. Savoldelli 37:42, 26. Totschnig 43:14, ... 28. Brochard 49:30, ... 37. Ludewig 1:11:13 Stunde,

... 39. Merckx 1:14:22, 40. Serrano 1:16:33, ... 44. Vasseur 1:25:21, ... 47. Martinez 1:35:26, ... 49. Pellizotti 1:39:24, ... 55. Nardello 1:56:46, ... 57. Kessler 1:57:15, ... 59. Sinkewitz 1:59:19, ... 66. Lang 2:07:52 Stunden, ... 75. Da Cruz 2:18:06, 76. O'Grady 2:18:35, ... 81. Wegmann 2:23:20, ... 83. Steinhauser 2:25:22, ... 85. Schreck 2:27:57, ... 93. Scholz 2:37:06, 94. Zberg 2:37:27, ... 105. Roberts 2:50:25, 106. Grabsch 2:51:23, ... 116. Hushovd 3:07:47, ... 122. Voeckler 3:11:15, ... 135. Rich 3:29:32, 136. McEwen 3:30:29, ... 145. Wrolich 3:41:23, ... 150. Becke 3:47:29, 151. Förster 3:49:48, ... 155. (Letzter) Flores 4:03:28

Punktwertung (Grünes Trikot): 1. Hushovd 164 Punkte, 2. O'Grady 150, 3. McEwen 142, 4. Winokurow 107, 5. Davis 101, 6. Rasmussen 84, 7. Förster 84, ... 9. Wrolich 79, 10. Armstrong 75, ... 16. Ullrich 65, ... 44. Becke 29, ... 50. Lang 25, ... 73. Wegmann 16, ... 80. Kessler 13, ... 85. Jaksche 12, ... 90. Ludewig 9, ... 92. Schreck 9, ... 98. Grabsch 6

Bergwertung (Rot-Gepunktetes Trikot): 1. Rasmussen 185 Punkte, 2. Pereiro 135, 3. Armstrong 92, 4. Boogerd 90, 5. Moreau 89, 6. Botero 88, 7. Brochard 75, 8. Hincapie 74, 9. Cauccioli 73, 10. Winokurow 72, 11. Basso 65, ... 13. Ullrich 56, ... 28. Ludewig 28, ... 40. Jaksche 17, ... 55. Kessler 11, 56. Wegmann 10, ... 72. Scholz 3

Nachwuchsfahrer (Weißes Trikot): 1. Popowitsch 78:00:37 Stunden, 2. Kaschetschkin 7:47 Minuten zurück, 3. Contador 41:20, 4. Iglinskj 56:22, 5. Pineau 1:07:05 Stunde, 6. Karpets 1:24:47, ... 8. Sinkewitz 1:43:26, ... 14. Wegmann 2:07:27

Mannschaftswertung: 1. T-Mobile Team/Deutschland 230:37:42 Stunden, 2. Discovery Channel/USA 11:26 Minuten zurück, 3. Team CSC/Dänemark 22:14, 4. Credit Agricole/Frankreich 45:05, 5. Illes Balears/Spanien 55:12, 6. Phonak/Schweiz 1:06:53, 7. Liberty Seguros/Spanien 1:35:04 Stunde, ... 11. Team Gerolsteiner/Deutschland 2:54:37 Stunden, ... 16. Domina Vacanze/Italien 4:04:08 Stunden, ... 21. (Letzter) Quick Step/Belgien 6:16:15

Kämpfer des Tages: Carlos Da Cruz

Komplette Starterliste Seite 110

Zweiter Etappensieg für Magenta durch Guerini

≫ Tour-Info

19. Etappe Issoire – Le Puy-en-Velay

Im Zentralmassiv enden mit der kürzesten Etappe
(abgesehen von den Zeitfahren) die letzten größeren
Bergpreise. Mit einer Wertung der 2. Kategorie am
1196 m hohen Col des Pradeaux wird die 1000-m-
Grenze noch einmal überschritten. Issoire, die ehemalige Römersiedlung um die Abteikirche St. Austre-
moine aus dem 12. und dem berühmten Glockenturm
aus dem 15. Jahrhundert war 1983 schon einmal Ziel-
und Startort. Attraktion in Le Puy-en-Velay ist die
zum Weltkulturerbe der Unesco zählende Kathedrale
Notre Dame.

Rückblende: 14. Juli 1999. Kurz vor der Passhöhe in L'Alpe d'Huez jagt Giuseppe Guerini im Magenta-Trikot dem Ziel entgegen als er mit einem fotografierenden Zuschauer kollidiert, sich aufrappelt, weiterfährt und trotz des Zwischenfalls die Etappe mit knappem Vorsprung gewinnt. Sein erster Etappenerfolg bei der Tour. Jetzt, sechs Jahre später, stand der schmächtige Italiener wieder im Blickpunkt. Er überrumpelte seine Ausreißerkollegen bei der Zieleinfahrt auf flachem Terrain und gewann seine zweite Tour-Etappe.

A uf die Glückwünsche seiner T-Mobile-Teamkollegen musste Giuseppe Guerini fünf Minuten warten. Während der Italiener im Ziel schon die ersten Sieger-Interviews gab, waren Jan Ullrich und Co. noch auf der Strecke. Gejubelt wurde dennoch schon: »Wir haben uns schon vorher freuen können, weil wir Beppos Erfolg über Funk mitgeteilt bekamen«, erklärte Ullrich, nachdem er 4:31 Minuten nach dem Sieger das Ziel in Le Puy-en-Velay erreichte.

Das Peloton ist kurz vor dem Finale in Paris so groß wie selten. Noch 155 der gestarteten 189 Fahrer sind im Rennen, eine Quote von 82 Prozent. 2002 erreichten 153 Profis (80,95 %) das Ziel, im Vorjahr 147 von 188 gestarteten (78,19 %).

Die Ausreißer (oben) kurz vor dem Ziel noch gemeinsam unterwegs: Giuseppe Guerini, Franco Pellizotti und Oscar Pereiro (von links). Wenig später attackiert Guerini erfolgreich.

Der stille Helfer Guerini schenkt seiner Frau den Sieg

In L'Alpe d'Huez steht Giuseppe Guerini über allen. Geographisch. Dort, wo jede der berühmten 21 Kehren den Namen eines Etappensiegers trägt – von Fausto Coppi über Bernard Hinault bis zu Marco Pantani und Lance Armstrong – ist die letzte Kurve vor dem 1860 m hoch gelegenen Ziel nach dem Kletterspezialisten aus der Nähe von Bergamo benannt. Ein paar Meter weiter passierte das, was seither unweigerlich mit dem Sieg des T-Mobile-Fahrers vom 14. Juli 1999 verbunden ist: Der Zusammenstoß mit einem Hobbyfotografen.

In St. Etienne warteten die Fotografen hinter der Ziellinie auf den Italiener. Sechs Jahre nach dem Erfolg von L'Alpe d'Huez holte er sich seinen zweiten Tour-Tagessieg. Doch die Fähigkeiten des hageren Fahrers werden nicht an seinen Siegen gemessen. »Er ist Profi durch und durch, der sich nie beklagt und immer in den Dienst der Mannschaft gestellt hat«, sagt der scheidende T-Mobile-Teamchef Walter Godefroot, der Guerini 1999 zum Vorgänger-Rennstall Telekom holte.

Schon vor seinem Wechsel hatte er als Gesamtdritter des Giro d'Italia 1997 und 1998 seine Qualitäten als Klassement-Fahrer unter Beweis gestellt. Seinen Wechsel ins Magenta-Team, wo er von Anfang an Edel-Domestike von Jan Ullrich war, hat Guerini dennoch nie bereut: »Als Italiener war es für mich wichtig, einen guten Giro zu fahren, als Radsportler ist für mich die Tour das Größte.«

Nach dem Finale in Paris tritt jedoch für Guerini der Radsport in den Hintergrund. Er reist schleunigst zurück in die Heimat nach Vertova zu seiner Frau, die wenige Tage vor der Entbindung ihres ersten Kindes steht. Grund genug für den werdenden Vater, ihr den Erfolg zu widmen: »Das Wichtigste ist die Familie. Den Sieg möchte ich meiner Frau schenken.«

Rechte Seite:
Wie ein Magnet wirkt das Gelbe Trikot von Lance Armstrong. Wo der Amerikaner fährt ist meistens vorne und da sind auch seine beiden Verfolger in der Gesamtwertung zu finden, der Italiener Ivan Basso und der Däne Michael Rasmussen.

Da hatte sich Guerini bereits wieder gefangen. »Ein Etappensieg bei der Tour ist immer etwas Besonderes, aber L'Alpe d'Huez bleibt natürlich mein größter Triumph«, erklärte der 35-Jährige, der 1999 die legendäre Bergankunft für sich entscheiden konnte. Sechs Jahre nach seinem ersten Erfolg bescherte er mit seinem zweiten Tagessieg auch dem T-Mobile Team den zweiten Etappenerfolg bei der diesjährigen Frankreich-Rundfahrt. »Ich habe lange darauf warten müssen, deshalb ist dies ein sehr glücklicher Moment«, meinte der zweimalige Giro-Dritte (1997/98).

Mit einem kraftvollen Antritt zwei Kilometer vor dem Ziel hatte Guerini drei Mitausreißer düpiert und eine 120 km lange Flucht erfolgreich abgeschlossen. »Es war der richtige Moment zum Angriff. Die Form war da und mein Konzept ist voll aufgegangen«, freute sich der Routinier, der von Haus aus kein Sprinter, sondern ein Spezialist für das Hochgebirge ist. Erst als er sich auf der Zielgeraden noch einmal umsah, hatte er die Gewissheit, dass der Abstand zu seinen Verfolgern genügte. »Da habe ich gesehen, dass sie nicht mehr herankommen. Vorher habe ich einfach reingetreten und alles gegeben, was ging.«

Die Besten des Gesamtklassements um Spitzenreiter Lance Armstrong hatten es leichter. Die Favoriten hielten sich auf der Fahrt durchs Zentralmassiv mit fünf Bergwertungen zurück und überließen den Ausreißern das Feld.

Vor dem entscheidenden Zeitfahren führt Armstrong weiterhin mit einem beruhigenden Vorsprung vor dem Italiener Ivan Basso. Ullrich hat als Vierter 2:12 Minuten Rückstand auf den Dänen Michael Rasmussen. Bester Gerolsteiner-Fahrer ist Levi Leipheimer (USA) als Sechster, zwei Plätze zurück folgt Ullrichs scheidender Teamkollege Alexander Winokurow

(Kasachstan), der auf der 11. Etappe den ersten Tagessieg für T-Mobile eingefahren hatte.

Guerinis Flucht begann nach 30 km in einem Aus-
reißer-Quartett, das seinen Vorsprung auf das Feld
kontinuierlich ausbaute und auch eine bis zu zehn
Fahrer zählende Verfolgergruppe auf Abstand halten
konnte. Etappenzweiter wurde der Franzose Sandy
Casar vor dem Italiener Franco Pellizotti und dem
Spanier Oscar Pereiro, der sich in der Gesamtwertung
von Platz 15 auf Rang 10 verbesserte und dabei Christophe Moreau als bestplatzierten Franzosen aus den
Top-10 verdrängte.

In der zweiten Gruppe fuhr der Wittenberger Bert
Grabsch vom Schweizer Phonak-Team mit und belegte
Platz acht in der Tageswertung. Das Feld wurde angeführt von Robbie McEwen vor dem Mann im Grünen Trikot, Thor Hushovd. Einzig um dieses Leibchen
wird auf der letzten Etappe nach Paris noch heftig
gekämpft, denn Hushovds Vorsprung beträgt nur
15 Punkte auf den Australier Stuart O'Grady und 21
auf den dreimaligen Etappensieger Robbie McEwen.

Tour-Chef führt Nachfolger ein

Jean-Marie Leblanc leitet die Wachablösung ein. Der
langjährige Direktor der Tour de France will bis zur
94. »Großen Schleife« 2007 in den Ruhestand gehen
und tritt bereits in diesem Jahr etwas kürzer. Sein
Nachfolger wird Christian Prudhomme (44), ehemali-
ger TV-Journalist. »Er ist schon in diesem Jahr Sport-
chef der Tour. Ich werde in dieser Hinsicht weniger
Funktionen, dafür aber mehr repräsentative Aufgaben übernehmen«, sagte der 60-jährige Franzose, der
das Rennen seit 1989 leitet.

» Tour-Tagebuch – 19. Etappe: Freitag, 22. Juli – Issoire – Le Puy-en-Velay: (153,5 km)

1. Giuseppe Guerini (TMO) 3:33:04 Stunden (43,2 km/h)
2. Sandy Casar (FDJ) 0:10 Minuten zurück, 3. Franco Pellizotti (LIQ),
4. Oscar Pereiro (PHO) 0:12, 5. Salvatore Commesso (LAM) 2:43,
6. Kurt-Asle Arvesen (CSC) 2:48, 7. Nicolas Portal (A2R), 8. Bert Grabsch (PHO),
9. Sylvain Chavanel (COF), 10. Pieter Weening (RAB) 3:50

11. Jose Azevedo (DSC) 4:21, 12. Carlos Da Cruz (FDJ), 13. Juan Antonio Flecha (FAS) beide gleiche Zeit, 14. Robbie McEwen (DVL) 4:31, 15. Thor Hushovd (C.A), 16. Stuart O'Grady (COF), 17. Allan Davis (LSW), 18. Fred Rodriguez (DVL), 19. Rafael Nuritdinov (DOM), 20. Francisco Mancebo
(IBA), 21. Levi Leipheimer (GST), ... 23. Jörg Ludewig (DOM), ... 25. Robert Förster (GST), ... 28. Ivan
Basso (CSC), 29. Bobby Julich (CSC), ... 31. Cadel Evans (DVL), 32. Laurent Brochard (BTL), 33. Jan
Ullrich (TMO), 34. Michael Rasmussen (RAB), ... 37. Georg Totschnig (GST), 38. Jörg Jaksche (LSW),
39. Wladimir Karpets (IBA), ... 41. Haimar Zubeldia (EUS), ... 45. Alexander Winokurow (TMO), ...
49. Christophe Moreau (C.A), 50. Jaroslaw Popowitsch (DSC), ... 52. Maxim Iglinskij (DOM), 53. Oscar Sevilla (TMO), ... 55. Daniele Nardello (TMO), 56. Lance Armstrong (DSC), ... 58. George Hinca-
pie (DSC), ... 60. Andrej Kaschetschkin (C.A), ... 63. Eddy Mazzoleni (LAM), ... 65. Alberto Contador
(LSW), ... 70. Paolo Savoldelli (DSC), 71. Floyd Landis (PHO), ... 77. Santiago Botero (PHO), ...
81. Leonardo Piepoli (SDV), 82. Sebastian Lang (GST), 83. Pietro Caucchioli (C.A), ... 104. Patrik
Sinkewitz (QST), 105. Stephan Schreck (TMO), ... 107. Ronny Scholz (GST), 108. Matthias Kessler
(TMO), ... 112. Tobias Steinhauser (TMO), ... 120. Michael Boogerd (RAB), ... 122. Peter Wrolich
(GST), ... 124. Fabian Wegmann (GST), ... 128. Michael Rich (GST), ... 133. Jerome Pineau (BTL), ...
138. Beat Zberg (GST) alle gleiche Zeit, ... 140. Daniel Becke (IBA) 5:40, ... 154. Igor Flores (EUS)
9:38, 155. (Letzter) Mauro Facci (FAS) 14:55 (alle 155 Starter im Ziel klassiert)

Gesamtwertung (Gelbes Trikot): 1. Armstrong 81:22:19 Stunden, 2. Basso 2:46 Minuten zurück,
3. Rasmussen 3:46, 4. Ullrich 5:58, 5. Mancebo 7:08, 6. Evans 9:49, 8. Winokurow 10:11, 9. Landis 10:42, 10. Pereiro 12:39, 11. Moreau 13:15, 12. Mazzoleni 15:13, 13. Popowitsch 15:53, 14. Zubeldia 17:26, 15. Sevilla 20:06, 16. Jaksche 20:16, 17. Hincapie 21:15,
18. Julich 22: 35, 19. Kaschetschkin 23:40, 20. Piepoli 26:51, 21. Guerini 28: 17, ... 24. Boogerd
31:45, 25. Savoldelli 37:42, 26. Totschnig 43: 14, ... 28. Brochard 49:30, 29. Casar 49:55, ...
31. Contador 57: 13, ... 36. Caucchioli 1:06:40 Stunde, 37. Ludewig 1:11:13, 38. Iglinskij 1:12:15,

... 43. Pineau 1:24:17, ... 46. Pellizotti 1:34: 49, ... 50. Karpets 1:40:40, 51. Botero 1:41:04,
... 55. Nardello 1: 56:46, ... 57. Kessler 1:57:15, ... 59. Chavanel 1:58:19, 60. Sinkewitz
1:59:19, ... 66. Lang 2:07:52 Stunden, ... 69. Flecha 2: 14:26, ... 74. Weening 2:16:13, ...
76. O'Grady 2:18:35, ... 81. Wegmann 2:23:20, ... 83. Steinhauser 2:25:22, 84. Davis
2:25:45, 85. Schreck 2:27:57, ... 88. Portal 2:29:51, 89. Arvesen 2:30: 52, ... 91. Scholz
2:37:06, ... 93. Zberg 2:37:27, ... 97. Commesso 2:43:22, ... 104. Grabsch 2:49:40, ...
116. Hushovd 3:07:47, ... 133. Rich 3:29:32, 134. McEwen 3:30:29, ... 142. Facci 3:37:45,
... 145. Wrolich 3:41:23, ... 150. Becke 3:48:38, 151. Förster 3:49: 48, ... 155. (Letzter)
Flores 4:08:35

Punktwertung (Grünes Trikot): 1. Hushovd 175 Punkte, 2. O'Grady 160, 3. McEwen 154,
4. Pereiro 118, 5. Davis 110, 6. Winokurow 107, 8. Förster 85, 9. Rasmussen 84, 10. Wrolich
79, 11. Armstrong 78, ... 19. Ullrich 65, ... 50. Becke 29, ... 56. Lang 25, ... 62. Grabsch 24,
... 79. Wegmann 16, ... 85. Kessler 13, ... 90. Jaksche 12, 91. Ludewig 12, ... 95. Schreck 9

Bergwertung (Rot-Gepunktetes Trikot): 1. Rasmussen 185 Punkte, 2. Pereiro 155, 3. Moreau 92, 4. Armstrong 92, 5. Boogerd 90, 6. Botero 88, 7. Brochard 75, 8. Hincapie 74,
9. Caucchioli 73, 10. Winokurow 72, 11. Basso 65, ... 13. Ullrich 56, ... 28. Ludewig 28, ...
42. Jaksche 17, ... 56. Kessler 11, 57. Wegmann 10, ... 71. Grabsch 5, 72. Scholz 5

Nachwuchsfahrer (Weißes Trikot): 1. Popowitsch 81:38:12 Stunden, 2. Kaschetschkin 7:47
Minuten zurück, 3. Contador 41:20, 4. Iglinskij 56:22, 5. Pineau 1:08:24 Stunde, 6. Karpets
1:28:24, ... 8. Sinkewitz 1:43:26, ... 13. Wegmann 2:07:27

Mannschaftswertung: 1. T-Mobile Team/Deutschland 241:25:56 Stunden, 2. Discovery
Channel/USA 15:47 Minuten zurück, 3. Team CSC/Dänemark 25:02, 4. Credit Agricole/Frank-
reich 49:36, 5. Illes Balears/Spanien 59:43, 6. Phonak/Schweiz 1:05:22, 7. Liberty Seguros/
Spanien 1:39:35 Stunde, ... 11. Team Gerolsteiner/Deutschland 2:59:08 Stunden, ...
16. Domina Vacanze/Italien 4:08:39, ... 21. (Letzter) Quick Step/Belgien 6:20:46

Kämpfer des Tages: Sandy Casar

Komplette Starterliste Seite 110

»Chef« Armstrong Etappensieger – Ullrich auf dem Podium

Erst fünf Fahrern gelang in der 102-jährigen Tour-Geschichte ein Gesamtsieg ohne Etappenerfolg. Lance Armstrong wartete bei seiner letzten Teilnahme bis zum Einzelzeitfahren am vorletzten Tag, ehe er »seine« Etappe 2005 gewann. Zwischen dem 11. Juli 1993 und dem 23. Juli 2005 war es der insgesamt 22. Tageserfolg. Siege im Mannschaftszeitfahren – Armstrongs Discovery-Team gewann diesen Wettbewerb – werden in der Statistik nicht berücksichtigt.

Ganz anders als im Eröffnungs-Zeitfahren präsentierte sich Jan Ullrich beim letzten Kampf gegen die Uhr über 55,5 Kilometer. Vom Start weg fuhr er unter dem Jubel der Fans voll auf Angriff.

Auch im 13. Duell zwischen Lance Armstrong und Jan Ullrich war der Amerikaner schneller und feierte den ersten Tagessieg.

> ≫ **Tour-Info**
>
> **20. Etappe Einzelzeitfahren St. Etienne**
>
> In Frankreichs höchstgelegener Groß-stadt St. Etienne kehrt Jan Ullrich an die Stätte eines seiner größten Erfolge zurück. Beim Zeitfahren in St. Etienne hatte er 1997 mit 3:04 Minuten Vor-sprung vor Widersacher Richard Viren-que gewonnen und den Grundstein zu seinem späteren Tour-Triumph gelegt. Auf den gleichen 55 km findet dieses Jahr der Kampf gegen die Uhr statt. In der 183.000 Einwohner zählenden Verwaltungshauptstadt des Departements Loire, Heimatstadt von Fußballstar Michel Platini und Formel-1-Idol Alain Prost, gastierte die Tour zwischen 1950 und 1999 22-mal.

Happyend für Jan Ullrich, Drama um Michael Rasmussen: Beim Zeitfahren in St. Etienne schaffte der T-Mobile-Kapitän mit dem zweiten Platz hinter dem sechsmaligen Toursieger Lance Armstrong doch noch den Sprung auf das Podium. Zur tragischen Figur avancierte auf dem 55,5 km langen Rundkurs »Bergkönig« Rasmussen, der seine Chancen auf den dritten Platz im Gesamtklassement nach zwei Stürzen, zwei Pannen und einem Verbremser einbüßte. Stattdessen zieht Ullrich als Drittplatzierter hinter dem sechsmaligen Champion Lance Armstrong sowie dem Italiener Ivan Basso nach Paris ein.

Im Kampf gegen die Uhr auf einer sehr selektiven Strecke rund um St. Etienne musste sich Ullrich nur seinem Dauerrivalen Armstrong geschlagen geben und wartet weiter seit dem 18. Juli 2003 auf einen Etappensieg. Der Amerikaner war noch 23 Sekunden schneller und siegte mit einem Stundenmittel von 46,4 Stundenkilometern. »Schade, dass ich Lance wieder nicht schlagen konnte«, sagte Ullrich.

Der Kampf um Platz drei war dagegen schnell entschieden. Rasmussen kam bereits nach zwei Kilometern in einem Kreisverkehr zu Fall. Nach zwei weiteren Pannen war der Däne völlig von der Rolle und fuhr sogar noch in einen Graben. Rasmussen wurde im Verlauf des Rennens von Basso und Armstrong überholt, die drei bzw. sechs Minuten später von der Startrampe gefahren waren. 7:47 Minuten hinter Armstrong war für Rasmussen auf Platz 77 die Leidensfahrt zu Ende. Der Kletterspezialist wurde im Gesamtklassement bis auf den siebten Platz durchgereicht.

In der Endabrechnung liegt Ullrich, dem bei dem »Grand boucle« zum siebten Mal ein Podestplatz (bisher einmal Erster, fünfmal Zweiter) winkt, nun 6:21 Minuten hinter Armstrong auf Rang drei. Der Texaner verfügt vor der Schlussetappe nach Paris über einen komfortablen Vorsprung von 4:40 Minuten auf Basso, der im Kampf gegen die Uhr den fünften Platz belegte. Der Italiener gilt damit als Kronprinz von Armstrong, der mit seinem siebten Tourerfolg von der Radsport-Bühne abtreten wird.

Zweitbester T-Mobile-Profi im Gesamtklassement bleibt Alexander Winokurow (11:27 Minuten Rückstand), der sich als Dritter des Zeitfahrens noch auf Rang sechs verbesserte. »Ich habe mein Bestes gegeben. Die Leute haben mich fantastisch angefeuert. Toll, dass Jan noch das Podium erreicht hat«, meinte Winokurow, der im Zeitfahren 1:16 Minuten langsamer war als Armstrong.

Levi Leipheimer (11:25) vom Team Gerolsteiner liegt zwei Sekunden vor dem Kasachen auf Rang fünf. Der Amerikaner fährt damit die beste Einzel-Platzierung für das Team in der Tour-Geschichte ein. Zwischenzeitlich in Führung lag Leipheimers Teamkollege Sebastian Lang, der 1:15:12 Stunden benötigte. »Das war ein super Gefühl«, meinte der Erfurter, der am Ende in die Top-20 fuhr.

Das ewige Duell zwischen Armstrong und Ullrich entwickelte sich in St. Etienne erneut zum ungleichen Zweikampf. Bereits nach der ersten Zwischenzeit nach 17 km war der Amerikaner zehn Sekunden schneller. Bei Kilometer 35 waren es 19, bei der dritten Zwischenzeit (40,2 km) schon 32 Sekunden. Zum Schluss konnte Ullrich dann noch ein wenig aufholen. Damit behielt Armstrong im 13. Zeitfahr-Duell bei der Tour zum elften Mal die Oberhand.

Ehrungen

Für seine ständigen Attacken wird Oscar Pereiro vom Schweizer Phonak-Rennstall als größter Kämpfer der Tour 2005 ausgezeichnet. Das entschied vor dem Zeitfahren die zuständige Jury. Der Spanier wird damit Nachfolger des Franzosen Richard Virenque, 2003 war Alexander Winokurow angriffsfreudigster Fahrer. Der 27-jährige Pereiro fuhr mit seinen Angriffen das meiste Geld für die Eidgenossen ein. Die Trophäe ist mit 20.000 Euro dotiert, hinzu kommen weitere 4000 Euro, weil er auf zwei der 18 gewerteten Etappen als »Kämpfer des Tages« eingestuft wurde. Eine weitere Ehrung erfuhr der Franzose Carlos Da Cruz. Ihn zeichneten die Tour-Fotografen vor dem Finale mit der Trophäe »Prix Orange« für den freundlichsten Fahrer aus. Rang zwei belegt der Franzose Walter Beneteau.

Knappe drei Kilometer nach dem Start lag Michael Rasmussen zum ersten Mal auf der Straße. Mit Hautabschürfungen am Oberschenkel fuhr der Bergkönig weiter, wechselte später mehrfach das Rad, fand aber nie seinen Rhythmus wieder und wurde in der Tageswertung 77.

Ullrich verspricht neuen Anlauf auf Tour-Thron

Als für Jan Ullrich die dreiwöchige »Leidensfahrt« mit einem Happy-end zu Ende gegangen war, kündigte er sogleich einen neuen Anlauf auf den Tour-Thron für 2006 an: »Ich komme wieder. Ich will noch einmal vorn sein. Ich werde so lange fahren, bis ich die Tour noch einmal gewonnen habe«, versprach der T-Mobile-Kapitän.

Auch wenn der letzte Angriff auf seinen großen Rivalen Lance Armstrong gescheitert war, zeigte sich der 31-Jährige keineswegs enttäuscht. »Ich bin total happy. Ich habe gekämpft bis aufs Messer. Mehr war nicht drin. Ich kann mir nichts vorwerfen«, lautete seine Bilanz, nachdem er mit Platz zwei im Einzelzeitfahren in St. Etienne noch auf den dritten Gesamtrang vorgefahren war.

Damit erreichte er beim achten Start zum siebten Mal das Podium in Paris, das er nur 2004 mit Platz vier verpasst hatte. Auf den zweiten ganz großen Triumph nach 1997 muss er weiter warten, weil er in einem schier übermächtigen Amerikaner erneut seinen Meister fand. Er zieht ohne Neidgefühl den Hut vor seinem ewigen Rivalen: »Chapeau! Lance war immer auf den Punkt topfit, er hat nie Schwächen gezeigt.«

Ullrich räumte Fehler in der Vergangenheit ein, nicht aber in diesem Jahr. Er sei so gut wie lange nicht vorbereitet gewesen: »Für mich war das nach all den Stürzen und Verletzungen eine sehr, sehr gute Tour. Ich hätte jetzt auch im Krankenhaus liegen können«, sagte er unter Hinweis auf seine zwei Stürze und den Hungerast in den Pyrenäen: »Aber das soll alles keine Ausrede sein. Ich bin einfach nur glücklich, dass ich bis zum Ende durchgekommen bin.«

Der designierte Teamchef Olaf Ludwig lobte zwar seinen Kapitän für »die tolle Moral«, kündigte aber auch eine Fehler-Analyse an und bekannte: »Wir sind nicht zufrieden. Unser klares Ziel war das Gelbe Trikot, doch Armstrong wäre wohl auch ohne die Stürze von Jan nicht zu schlagen gewesen.« Ob Ludwig und Sportdirektor Mario Kummer künftig auf die Vorbereitung Ullrichs stärker einwirken können, bleibt fraglich. »Für das Training sind nur Jan und sein Betreuer Rudy Pevenage verantwortlich, das steht speziell so in seinem Vertrag«, erklärte Ludwig.

≫ Tour-Tagebuch – 20. Etappe: Samstag, 23. Juli – St. Etienne – St. Etienne: (Einzelzeitfahren, 55,5 km)

Zeitmesspunkte bei	55,5 km	49,7 km	40,2 km	35 km	17 km
1. Lance Armstrong (DSC)	1:11:46 Std.	1:05:52	56:23	46:38	0:07 (2.)
2. Jan Ullrich (TMO)	0:23 Min. zur.	0:35 (2.)	0:32 (2.)	0:19 (2.)	0:17 (3.)
3. Alexander Winokurow (TMO)	1:16	1:21 (3.)	1:10 (3.)	1:00 (5.)	0:29 (4.)
4. Bobby Julich (CSC)	1:33	1:38 (4.)	1:28 (5.)	1:00 (4.)	0:41 (6.)
5. Ivan Basso (CSC)	1:54	1:50 (5.)	1:18 (4.)	0:53 (3.)	25:41
6. Floyd Landis (PHO)	2:02	2:09 (7.)	2:01 (7.)	1:05 (6.)	0:46 (7.)
7. Cadel Evans (DVL)	2:06	2:01 (6.)	1:34 (6.)	1:15 (7.)	0:40 (5.)
8. George Hincapie (DSC)	2:25	2:25 (8.)	2:06 (8.)	1:27 (8.)	1:00 (8.)
9. Francisco Mancebo (IBA)	2:51	2:43 (10.)	2:11 (9.)	1:42 (9.)	1:10 (10.)
10. Wladimir Karpets (IBA)	3:05	3:00 (11.)	2:39 (12.)	1:46 (11.)	1:18 (14.)

11. Jaroslaw Popowitsch (DSC) 3:09, 12. Carlos Sastre (CSC) 3:11, 13. Christophe Moreau (C.A) 3:12, 14. Levi Leipheimer (GST) 3:13, 15. Oscar Pereiro (PHO) 3:25, 16. Sebastian Lang (GST) 3:26, 17. Luke Roberts (CSC) 3:46, 18. Dario Cioni (LIQ) 3:51, 19. Jörg Jaksche (LSW) 3:51, 20. Fabian Cancellara (FAS) 4:03, 21. Andrej Kaschetschkin (C.A) 4:25, ... 24. Giuseppe Guerini (TMO) 4:45, ... 26. Bert Grabsch (PHO) 4:55, ... 31. Jose Luis Rubiera (DSC) 5:24, ... 33. Daniele Nardello (TMO) 5:37, 34. Tobias Steinhauser (TMO) 5:41, ... 39. Eddy Mazzoleni (LAM) 5:54, ... Ronny Scholz (GST) 5:58, ... 44. Georg Totschnig (GST) 6:01, ... 49. Fabian Wegmann (GST) 6:14, 50. Jose Azevedo (DSC) 6:25, ... 53. Matthias Kessler (TMO) 6:41, ... 56. Paolo Savoldelli (DSC) 6:46, ... 66. Joseba Beloki (LSW) 7:09, ... 68. Roberto Heras (LSW) 7:11, ... 74. Oscar Sevilla (TMO) 7:39, 75. Michael Rich (GST) 7:42, ... 77. Michael Rasmussen (RAB) 7:47, ... 79. Jörg Ludewig (DOM) 7:53, 80. Thor Hushovd (C.A) 7:53, 81. Stephan Schreck (TMO) 7:55, ... 89. Alexandre Moos (PHO) 8:16, ... 91. Santiago Botero (PHO) 8:18, ... 94. Patrik Sinkewitz (QST) 8:29, ... 102. Stuart O'Grady (COF) 8:44, ... 107. Beat Zberg (GST) 8:57, ... 120. Iban Mayo (EUS) 9:45, 121. Giovanni Lombardi (CSC) 9:47, ... 133. Peter Wrolich (GST) 10:28, ... 140. Robbie McEwen (DVL) 11:23, ... 145. Robert Förster (GST) 11:53, ... 153. Thomas Voeckler (BTL) 13:08, ... 155. (Letzter) Daniel Becke (IBA) 13:38 (alle 155 Starter im Ziel klassiert)

Gesamtwertung (Gelbes Trikot): 1. Armstrong 82:34:05 Stunden, 2. Basso 4:40 Minuten zurück, 3. Ullrich 6:21, 4. Mancebo 9:59, 5. Leipheimer 11:25, 6. Winokurow 11:27, 7. Rasmussen 11:33, 8. Evans 11:55, 9. Landis 12:44, 10. Pereiro 16:04, 11. Moreau 16:26, 12. Popowitsch 19:02, 13. Mazzoleni 21:06, 14. Hincapie 23:40, 15. Zubeldia 23:43, 16. Jaksche 24:07, 17. Julich 24:08, 18. Sevilla 27:45, 19. Kaschetschkin 28:04, 20. Guerini 33:02, ... 24. Boogerd 38:29, 25. Savoldelli 44:30, 26. Totschnig 49:14, ... 28. Brochard 55:29, ... 31. Contador 1:03:25 Stunde, ... 36. Cauchioli 1:16:21, 37. Iglinskij 1:18:26, 38. Ludewig 1:19:05, ... 43. Pineau 1:31:38, ... 50. Karpets 1:43:45, 51. Botero 1:49:22, ... 55. Nardello 2:02:23 Stunden, ... 57. Kessler 2:03:56, ... 59. Sinkewitz 2:07:48, ... 65. Lang 2:11:18, ... 73. Flecha 2:24:21, ... 77. O'Grady 2:27:19, ... 79. Wegmann 2:29:34, ... 81. Steinhauser 2:31:02, ... 84. Davis 2:34:40, ... 86. Schreck 2:35:52, ... 91. Scholz 2:43:03, ... 93. Zberg 2:46:24, ... 103. Grabsch 2:54:35, ... 116. Hushovd 3:15:40, ... 130. Rich 3:37:13, ... 134. McEwen 3:41:52, ... 146. Wrolich 3:51:50, ... 151. Förster 4:01:40, 152. Becke 4:02:16, ... 155. (Letzter) Flores 4:20:24

Punktwertung (Grünes Trikot): 1. Hushovd 175 Punkte, 2. O'Grady 160, 3. McEwen 154, 4. Pereiro 118, 5. Winokurow 117, 6. Davis 110, 7. Armstrong 93, 8. Förster 85, 9. Rasmussen 84, 10. Flecha 84, ... 14. Ullrich 77, ... 51. Becke 29, ... 58. Lang 25, ... 64. Grabsch 24, ... 79. Wegmann 16, ... 85. Kessler 13, ... 90. Jaksche 12, 91. Ludewig 12, ... 95. Schreck 9

Bergwertung (Rot-Gepunktetes Trikot): 1. Rasmussen 185 Punkte, 2. Pereiro 155, 3. Armstrong 96, 4. Moreau 92, 5. Boogerd 90, 6. Botero 88, 7. Winokurow 75, 8. Brochard 75, 9. Hincapie 74, 10. Cauccioli 73, ... 13. Ullrich 58, ... 28. Ludewig 28, ... 42. Jaksche 17, ... 56. Kessler 11, 57. Wegmann 10, ... 71. Grabsch 5, 72. Scholz 5

Nachwuchsfahrer (Weißes Trikot): 1. Popowitsch 82:53:07 Stunden, 2. Kaschetschkin 9:02 Minuten zurück, 3. Contador 44:23, 4. Iglinskj 59:24, 5. Pineau 1:12:36 Stunde, 6. Karpets 1:24:43, ... 8. Sinkewitz 1:48:46, ... 13. Wegmann 2:10:32

Mannschaftswertung: 1. T-Mobile Team/Deutschland 245:07:38 Stunden, 2. Discovery Channel/USA 14:57 Minuten zurück, 3. Team CSC/Dänemark 25:15, 4. Credit Agricole/Frankreich 55:2436, 5. Illes Balears/Spanien 1:06:09 Stunde, 6. Phonak/Schweiz 1:09:20, 7. Liberty Seguros/Spanien 1:47:56 Stunde, ... 11. Team Gerolsteiner/Deutschland 3:05:20 Stunden, ... 16. Domina Vacanze/Italien 4:20:38, ... 21. (Letzter) Quick Step/Belgien 6:36:48

Komplette Starterliste Seite 110

Winokurow schlug den Sprintern ein Schnippchen

Selbst der Himmel weinte, als Lance Armstrong seinen Abschied nahm und der Amerikaner zum siebten Mal in Serie als Sieger der Tour de France in Paris einzog. Platz zwei hinter dem 33-Jährigen belegte bei der 92. Großen Schleife 2005 der Italiener Ivan Basso (CSC) mit 4:40 Minuten Rückstand vor Jan Ullrich (6:21), dessen Team T-Mobile wie 2004 die Mannschaftswertung dominierte.

>> Tour-Info

21. Etappe Corbeil-Essonnes – Paris/Champs-Elysées
Nach rund 500 km Zugfahrt auf der Transferpassage von St. Etienne gehen die Fahrer in Corbeil-Essonnes an den Start zur »Tour d'Honneur« Richtung Champs-Elysées in Paris. Die 45.000 Einwohner zählende Kulturstadt, als Festung an der Seine schon im 10./11. Jahrhundert Bollwerk gegen den Ansturm der Normannen, ist Ausgangspunkt für eine Fahrt durch historisches Terrain. Zahlreiche Schlösser und Kirchen liegen vor den Toren von Paris am Weg. Zum 31. Mal seit 1975 endet die Tour auf der Pariser Prachtallee; insgesamt besucht die Tour zum 131. Mal Paris.

Für einen Paukenschlag sorgte Alexander Winokurow bei der verregneten Ehrenrunde zum Abschied von Lance Armstrong auf den Champs-Elysées. Mit einer Attacke drei Kilometer vor dem Ziel düpierte der Kasache die Sprinter-Elite und triumphierte vor dem Australier Bradley McGee und dem Schweizer Fabian Cancellara. Als Siebter holte sich der Norweger Thor Hushovd endgültig und erstmals das Grüne Trikot vor den Australiern Stuart O'Grady und Robbie McEwen.

Dank der Zeitgutschrift für seinen zweiten Etappensieg bei der Tour 2005 verdrängte der 31-jährige Winokurow im Gesamtklassement noch Gerolsteiner-Kapitän Levi Leipheimer vom fünften Platz. Zum ersten Mal seit elf Jahren setzte sich im Finale kein Sprintspezialist durch.

Während »Wino« für ein furioses Finale sorgte, rollten Armstrong und die im Klassement nächstplatzierten Ivan Basso und Jan Ullrich unmittelbar nach dem Sieger ins Ziel. Armstrongs Gesamtsieg stand schon um 16.27 Uhr nach 92,5 km der Schlussetappe endgültig fest. Die Rennleitung beschloss wegen der Sturzgefahr auf den regennassen Straßen, die letzten 52 km zu neutralisieren und alle Fahrer schon bei der ersten von neun Passagen der Ziellinie mit der gleichen Zeit zu werten. Nur die Bonus-Sekunden für die drei Etappenersten blieben.

Bei Nieselregen hatte es im Verlauf des 21. Teilstücks mehrere Stürze gegeben, wobei es fast auch Armstrong getroffen hätte. Auf der glatten Straße waren unmittelbar vor ihm seine Teamkollegen George Hincapie und Jaroslaw Popowitsch zu Fall gekommen, doch der Discovery-Kapitän kam gerade noch rechtzeitig zum Stehen.

Die traditionelle Tour d'Honneur begann im Pariser Vorort Corbeil-Essonnes unter Wolken. Mit einem Glas Champagner feierte Armstrong im Kreis der Fahrer seinen letzten Toursieg und verabschiedete sich von Kollegen und Sportlichen Leitern anderer Teams. Minutenlang fuhren er und Ullrich gelöst und locker plaudernd nebeneinander her.

Von den 189 Profis, die vor drei Wochen in Fromentine gestartet waren, erreichten 155 die Stadt an der Seine. Lediglich das Team Gerolsteiner sowie die französischen Rennställe Cofidis und Bouygues Telecom überstanden die 21 Etappen ohne Ausfall.

Popowitsch – der »Merckx des Ostens«

In diesem Jahr hat sich Jaroslaw Popowitsch als treuer Helfer von Toursieger Lance Armstrong einen Namen gemacht, in Zukunft ist er für höhere Aufgaben bestimmt. »Er hat einen starken Eindruck hinterlassen, er könnte der kommende Kapitän sein«, lobte Armstrong den 25 Jahre alten Ukrainer, der bei seinem Debüt die Nachwuchswertung gewann. Oft war »Popo« am längsten von allen Discovery-Fahrern an der Seite von Armstrong geblieben. In seinem ersten Jahr im US-Team hat der ob seiner zahlreichen Erfolge in der Jugendzeit bereits als »Eddy Merckx des Ostens« titulierte Profi alle Erwartungen übertroffen.

Konstanter Thor Hushovd

Konstanz zahlt sich aus. Obwohl Thor Hushovd keine Etappe gewann, holte er sich als erster Norweger das Grüne Trikot des Sprintbesten. Gegen die kraftvollen Sprints eines Robbie McEwen (drei Siege) oder Tom Boonen (zwei Erfolge) hatte er keine Chance, dennoch sammelte er emsig Punkte und war sich auch für die Zwischensprints nicht zu schade. Trotz seiner 81 Kilogramm kommt Hushovd für einen Sprinter gut über die Berge, was für das Grüne Trikot sehr von Vorteil ist. Auch im Kampf gegen die Uhr reiht sich der norwegische Zeitfahrmeister regelmäßig im Vorderfeld ein. So ist der Allrounder im französischen Team Credit Agricole eine feste Größe.

Kämpfer Alexander Winokurow gewann die Finaletappe der Tour 2005 auf den Champs Elysées nach einem beherzten Angriff kurz vor dem Ziel.

Regen begrüßte das 155 Fahrer umfassende Feld bei der Ankunft in Paris. Ganz vorne dabei: Lance Armstrong bei seinem letzten Auftritt im Gelben Trikot.

Jetzt hat Papa Lance Armstrong mehr Zeit für seine drei Kinder. Der »Tourminator« bei der letzten Sieger-ehrung.

Armstrongs Schlusspunkt unter eine Erfolgsstory

Einen letzten Seitenhieb auf seine Gegner konnte sich Lance Armstrong zum Abschied nicht verkneifen. Ob er schon wisse, was er während der Tour im kommenden Jahr machen werde, wurde der in Ruhestand gehende siebenmalige Sieger der Frankreich-Rundfahrt gefragt. »Ich habe mir fest vorgenommen, zumindest einen Teil des Rennens im Fernsehen anzuschauen, denn ich bin sicher, dass es sehr spannend wird«, antwortete der Amerikaner. Spannung hat Armstrong die Tour allemal gekostet, denn niemand dominierte das bedeutendste Radrennen der Welt so wie er. Als Rekordgewinner stellte der Texaner alle vorherigen Tour-Größen in den Schatten. Es scheint, als würde erst sein Abtritt Platz für neue Sieger machen. Doch so weit wollte der 33-Jährige nicht gehen. »Es wäre nicht fair, zu sagen, der nächste Toursieger gewinnt nur deshalb, weil ich nicht mehr da bin. Wer weiß, ob ich das Rennen 2006 nicht verloren hätte.«

Diesen Anschein erweckte der Texaner bei seiner Ab-schiedstour allerdings nicht. Seine schärfsten Verfolger, Ivan Basso (CSC) und Jan Ullrich, konnten ihn auch in diesem Jahr nicht ernsthaft in Gefahr bringen. »Ihre Angriffe waren aggressiv, aber vorhersehbar. Es gab eigentlich keinen Moment, in dem ich mich wirklich in Bedrängnis gefühlt habe«, versicherte Armstrong. Im Vergleich mit seinen Rivalen war er wieder einmal der Stärkste. Zwar wirkte seine Mannschaft angreifbarer als in früheren Jahren, doch im Kampf der besten Fahrer hatte der Seriensieger der vergangenen Jahre in den entscheidenden Momenten wie üblich die Nase vorn. »Es war am Ende leichter, als ich es erwartet hatte. Aber das funktioniert natürlich nur, wenn man 100-prozentig vorbereitet ist«, sagte Armstrong, der in all den Jahren einzig 2003 einmal Schwächen zeigte und sich Ullrichs Angriff auf seinen Thron nur mit Mühe erwehren konnte: »Damals habe ich Fehler gemacht, aus denen ich gelernt habe.«

Diesmal beherrschte er seine Gegner fast nach Belieben. Symptomatisch dafür war das Auftakt-Zeitfahren, in dem er den eine Minute vor ihm gestarteten Ullrich überholte. Richtungsweisend war (schon traditionell) die erste Bergankunft, bei der ihm in Courchevel nur die besten Kletterspezialisten, nicht aber Basso und Ullrich folgen konnten. Vorentscheidend waren die beiden schweren Pyrenäen-Etappen, auf denen er die Attacken seiner Herausforderer souverän abwehrte. Die Krönung war sein Erfolg im Zeitfahren von St.-Etienne, sein insge-samt 22. Einzel-Etappensieg.

Jetzt beginnt im Radsport die Zeitrechnung nach Arm-strong – ein Neubeginn nach einer beispiellosen Erfolgs-story, die am 3. Juli 1999 ihren Anfang nahm. Der Lance Armstrong, der damals zum Prolog der 87. Frankreich-Rundfahrt in Le Puy du Fou erschien, war ein anderer als jener, der im Oktober 1996 wegen Hodenkrebs seinen vorläufigen Rücktritt vom Profisport erklärte. Der Mann, der vor sechs Jahren zu seiner fünften Tour antrat, hatte eine Tod bringende Krankheit bezwungen und war seit-her ein Siegertyp.

Herzliche Gratulation und Abschied von einem großen Gegner: Jan Ullrich und Lance Armstrong auf dem Podium. Ivan Basso schaut mit seiner Tochter auf dem Arm zu.

Däne Rasmussen der Kletterkönig

Aufsteiger der Tour 2005 ist ganz eindeutig der Däne Michael Rasmussen. Der am Gardasee lebende und für das niederländische Team Rabobank startende Mountainbike-Weltmeister von 1999 hat sich fast einen Monat lang in Mexiko auf die Tour vorbereitet. Nach seinem vorzeitigen Erfolg als Kletterkönig folgte für den 31-Jährigen der Alptraum eines Radprofis im Zeitfahren rund um St. Etienne. Zwei Stürze und mehrere Radwechsel nach Pannen warfen ihn vom dritten auf den siebten Gesamtrang zurück.

Mannschaftswertung kein Trostpreis

Das ganz große Ziel wurde verfehlt, der Gewinn der Mannschaftswertung wird im Lager des T-Mobile-Teams aber keineswegs als Trostpreis angesehen. »Gemeinsam mit dem Armstrong-Team Discovery Channel haben wir die Tour geprägt. Wie unsere Fahrer gekämpft haben, wie sie Situationen erzwungen haben, das war toll. Darauf sind wir stolz«, bilanzierte der designierte Teamchef Olaf Ludwig. Zum dritten Mal nach 1997 und 2004 stellt die Bonner Truppe die beste Mannschaft. Je drei Etappensiege und zweite Plätze und der dritte Rang von Jan Ullrich auf dem Podium runden die Tour-Bilanz 2005 ab.

≫ Tour-Tagebuch – 21. Etappe: Sonntag, 24. Juli – Corbeil-Essonnes – Paris (144,5 km)

1. Alexander Winokurow (TMO) 3:40:57 Stunden (39,2 km/h)
2. Bradley McGee (FDJ), 3. Fabian Cancellara (FAS), 4. Robbie McEwen (DVL),
5. Stuart O´Grady (COF), 6. Allan Davis (LSW), 7. Thor Hushovd (C.A.),
8. Baden Cooke (FDJ), 9. Bernhard Eisel (FDJ), 10. Robert Förster (GST)

11. Luke Roberts (CSC), 12. Fred Rodriguez (DVL), 13. Guido Trenti (QST), 14. Mauro Gerosa (LIQ), 15. Inaki Isasi (EUS), 16. Nicolas Jalabert (PHO), 17. Marcus Ljungqvist (LIQ), 18. Anthony Geslin (BTL), 19. David Loosli (LAM), 20. Laurent Brochard (BTL), ... 25. Daniel Becke (IBA), 26. Christophe Moreau (C.A.), ... 30. Juan Antonio Flecha (FAS), ... 35. Jörg Ludewig (DOM), ... 38. Jerome Pineau (BTL), ... 43. Jaroslaw Popowitsch (DSC), ... 51. Patrik Sinkewitz (QST), 52. Oscar Pereiro (PHO), 53. Eddy Mazzoleni (LAM), 54. Michael Boogerd (RAB), 55. Georg Totschnig (GST), ... 58. Jan Ullrich (TMO), ... 63. Andrej Kaschetschkin (C.A.), 64. Matthias Kessler (TMO), ... 69. Cadel Evans (DVL), ... 71. Bert Grabsch (PHO), ... 81. Haimar Zubeldia (EUS), 82. Alberto Contador (LSW), ... 86. Levi Leipheimer (GST), ... 91. Floyd Landis (PHO), ... 96. Oscar Sevilla (TMO), 97. Stephan Schreck (TMO), ... 99. Daniele Nardello (TMO), ... 102. Francisco Mancebo (IBA), 103. Ronny Scholz (GST), ... 105. Wladimir Karpets (IBA), 106. Santiago Botero (PHO), ... 109. Dario Cioni (LIQ), ... 114. Maxim Iglinskj (DOM), ... 116. Ivan Basso (CSC), 117. Bobby Julich (CSC), 118. Lance Armstrong (DSC), ... 123. Paolo Savoldelli (DSC), ... 125. George Hincapie (DSC), ... 127. Peter Wrolich (GST), ... 129. Carlos Sastre (CSC), ... 132. Sebastian Lang (GST), ... 134. Michael Rasmussen (RAB), 135. Xabier Zandio (IBA), ... 138. Beat Zberg (GST), 139. Michael Rich (GST), 140. Tobias Steinhauser (TMO), 141. Giuseppe Guerini (TMO), 142. Jörg Jaksche (LSW), ... 144. Iker Flores (EUS), ... 148. Pietro Caucchioli (C.A.), ... 155. (Letzter) Fabian Wegmann (GST) alle gleiche Zeit (alle 155 Starter im Ziel klassiert)

Abschlussklassement (Gelbes Trikot): 1. Lance Armstrong (USA/DSC) 86:15:02 Stunden (41,654 km/h), 2. Ivan Basso (Italien/CSC) 4:40 Minuten zurück, 3. Jan Ullrich (Deutschland/TMO) 6:21, 4. Francisco Mancebo (Spanien/IBA) 9:59, 5. Alexander Winokurow (Kasachstan/TMO) 11:01, 6. Levi Leipheimer (USA/GST) 11:21, 7. Michael Rasmussen (Dänemark/RAB) 11:33, 8. Cadel Evans (Australien/DVL) 11:55, 9. Floyd Landis (USA/PHO) 12:44, 10. Oscar Pereiro (Spanien/PHO) 16:04

11. Moreau (C.A.) 16:26, 12. Popowitsch (DSC) 19:02, 13. Mazzoleni (LAM) 21:06, 14. Hincapie (DSC) 23:40, 15. Zubeldia (EUS) 23:43, 16. Jaksche (LSW) 24:07, 17. Julich (CSC) 24:08, 18. Sevilla (TMO) 27:45, 19. Kaschetschkin (C.A.) 28:04, 20. Guerini (TMO) 33:02, 21. Sastre (CSC) 34:24, 22. Zandio (IBA) 36:20, 23. Piepoli (SDV) 36:20, 24. Boogerd (RAB) 38:29, 25. Savoldelli (DSC) 44:30, 26. Totschnig (GST) 49:14, 27. Astarloza (A2R) 54:03, 28. Brochard (BTL) 55:29, 29. Casar (FDJ) 56:47, 30. Azevedo (DSC) 59:48, 31. Contador (LSW) 1:03:25 Stunde, 32. Garzelli (LIQ) 1:04:49, 33. Horner (SDV) 1:07:57, 34. Goubert (A2R) 1:10:53, 35. Rubeira (DSC) 1:11:48, 36. Caucchioli (C.A.) 1:16:21, 37. Iglinskj (DOM) 1:18:26, 38. Ludewig (DOM) 1:19:05, 39. Merckx (DVL) 1:20:15, 40. Serrano (LSW) 1:21:31, 41. Rogers (QST) 1:24:32, 42. Moos (PHO) 1:25:35, 43. Pineau (BTL) 1:31:38, 44. Vasseur (COF) 1:33:17, 45. Heras (LSW) 1:38:33, 46. Fedrigo (BTL) 1:41:14, 47. Pellizotti (LIQ) 1:41:38, 48. Martinez (EUS) 1:42:29, 49. Gutierrez (PHO) 1:42:35, 50. Karpets (IBA) 1:43:45, 51. Botero (PHO) 1:49:22, 52. Halgand (C.A.) 1:53:26, 53. Arroyo (IBA) 1:54:12, 54. Cioni (LIQ) 2:00:39, 55. Nardello (TMO) 2:02:23, 56. Brandt (DVL) 2:03:10, 57. Kessler (TMO) 2:03:56, 58. Chavanel (COF) 2:05:20, 59. Sinkewitz (QST) 2:07:48, 60. Mayo (EUS) 2:07:48, 61. Lövkvist (FDJ) 2:07:48, 62. Bernucci (FAS) 2:08:37, 63. Canada (SDV) 2:08:56, 64. Vicioso (LSW) 2:09:37, 65. Lang (GST) 2:11:18, 66. Garate (SDV) 2:15:17, 67. Moncoutie (COF) 2:15:23, 68. Beneteau (BTL) 2:17:06, 69. Camano (EUS) 2:22:41,

70. Gilbert (FDJ) 2:24:00, 71. Sörensen (CSC) 2:24:08, 72. Weening (RAB) 2:24:16, 73. Flecha (FAS) 2:24:21, 74. Arrieta (IBA) 2:25:27, 75. Beloki (LSW) 2:26:26, 76. Da Cruz (FDJ) 2:26:49, 77. O´Grady (COF) 2:27:19, 78. Grivko (DOM) 2:28:08, 79. Wegmann (GST) 2:29:34, 80. Giunti (FAS) 2:29:34, 81. Steinhauser (C.A.) 2:31:02, 82. Rous (BTL) 2:33:10, 83. Posthuma (RAB) 2:33:59, 84. Davis (LSW) 2:34:40, 85. Menchov (RAB) 2:35:00, 86. Schreck (TMO) 2:35:52, 87. Stangej (LAM) 2:36:13, 88. Portal (A2R) 2:38:01, 89. Arvesen (CSC) 2:39:27, 90. Kristzov (A2R) 2:39:51, 91. Scholz (GST) 2:43:03, 92. Bertogliati (SDV) 2:45:03, 93. Zberg (GST) 2:46:24, 94. Mourey (FDJ) 2:47:14, 95. Padrnos (DSC) 2:49:53, 96. Turpin (A2R) 2:51:28, 97. Geslin (BTL) 2:51:58, 98. Cortinovis (DOM) 2:52:02, 99. Loosli (LAM) 2:52:41, 100. Landaluze (EUS) 2:52:41, 101. Commesso (LAM) 2:53:46, 102. Roberts (CSC) 2:54:12, 103. Grabsch (PHO) 2:54:35, 104. Gustov (FAS) 2:54:56, 105. McGee (FDJ) 2:55:59, 106. Joly (C.A.) 2:56:10, 107. Noval (DSC) 3:00:59, 108. Sanchez (LSW) 3:03:19, 109. Dekker (RAB) 3:03:36, 110. Righi (LAM) 3:04:17, 111. Tankink (CSC) 3:05:12, 112. Aerts (DVL) 3:07:30, 113. Bertolini (DOM) 3:09:13, 114. Dumoulin (A2R) 3:11:02, 115. Hinault (C.A.) 3:14:33, 116. Hushovd (C.A.) 3:15:40, 117. Lefevre (BTL) 3:16:06, 118. Lombardi (CSC) 3:18:21, 119. Bodrogi (C.A.) 3:18:44, 120. Sprick (BTL) 3:20:47, 121. Auge (COF) 3:21:30, 122. Isasi (EUS) 3:21:50, 123. White (COF) 3:23:41, 124. Voeckler (BTL) 3:25:32, 125. Ljungquist (LIQ) 3:25:36, 126. Gerrans (A2R) 3:27:03, 127. Marichal (COF) 3:30:59, 128. Cancellara (FAS) 3:32:40, 129. Bessy (COF) 3:34:59, 130. Rich (GST) 3:37:13, 131. Quinziato (SDV) 3:37:31, 132. Rodriguez (DVL) 3:37:58, 133. Vanotti (DOM) 3:38:43, 134. McEwen (DVL) 3:41:52, 135. Kroon (RAB) 3:42:03, 136. Van Summeren (DVL) 3:43:05, 137. Gerosa (LIQ) 3:44:22, 138. Jalabert (PHO) 3:44:26, 139. Trenti (QST) 3:46:24, 140. Wauters (RAB) 3:46:54, 141. Carlström (LIQ) 3:47:02, 142. Cooke (FDJ) 3:47:17, 143. Eisel (FDJ) 3:47:35, 144. Facci (FAS) 3:49:30, 145. Albasini (LIQ) 3:51:03, 146. Wrolich (GST) 3:51:50, 147. Nutridinov (DOM) 3:54:14, 148. Garcia Acosta (IBA) 3:56:34, 149. Knaven (QST) 3:59:07, 150. Etxebarria (EUS) 4:00:24, 151. Förster (GST) 4:01:40, 152. Becke (IBA) 4:02:16, 153. Tombak (COF) 4:03:09, 154. Vansevenant (DVL) 4:09:25, 155. (Letzter) Flores (EUS) 4:20:24

Punktewertung (Grünes Trikot): 1. Hushovd 194 Punkte, 2. O´Grady 182, 3. McEwen 178, 4. Winokurow 158, 5. Davis 130, 6. Pereiro 118, 7. Förster 101, 8. Armstrong 93, 9. Cooke 91, 10. Eisel 88, ... 16. Ullrich 77, ... 55. Becke 30, ... 63. Lang 25, ... 68. Grabsch 24, ... 79. Wegmann 18, ... 86. Kessler 13, ... 91. Jaksche 12, 92. Ludewig 12, ... 96. Schreck 9

Bergwertung (Rot-Gepunktetes Trikot): 1. Rasmussen 185 Punkte, 2. Pereiro 155, 3. Armstrong 99, 4. Moreau 93, 5. Boogerd 90, 6. Botero 88, 7. Winokurow 75, 8. Brochard 75, 9. Hincapie 74, 10. Cauccioli 73, ... 13. Ullrich 58, ... 28. Ludewig 28, ... 42. Jaksche 17, ... 56. Kessler 11, 57. Wegmann 10, ... 71. Grabsch 5, 72. Scholz 5

Nachwuchsfahrer (Weißes Trikot): 1. Popowitsch 86:34:04 Stunden, 2. Kaschetschkin 9:02 Minuten zurück, 3. Contador 44:23, 4. Iglinskj 59:24, 5. Pineau 1:12:36 Stunde, 6. Karpets 1:24:43, ... 8. Sinkewitz 1:48:46, ... 13. Wegmann 2:10:32

Mannschaftswertung: 1. T-Mobile Team/Deutschland 256:10:29 Stunden, 2. Discovery Channel/USA 14:57 Minuten zurück, 3. Team CSC/Dänemark 25:15, 4. Credit Agricole/Frankreich 55:24, 5. Illes Balears/Spanien 1:06:09 Stunde, 6. Phonak/Schweiz 1:09:20, 7. Liberty Seguros/Spanien 1:47:56 Stunde, ... 11. Team Gerolsteiner/Deutschland 3:05:20 Stunden, ... 16. Domina Vacanze/Italien 4:20:38, ... 21. (Letzter) Quick Step/Belgien 6:36:48

Kämpfer des Schlusstages: Philippe Gilbert

Komplette Starterliste Seite 110

≫ Starterfeld der 92. Tour de France 2005

21 Teams mit 189 Fahrern (grau gedruckte Fahrer sind vorzeitig aus dem Rennen ausgeschieden. In Klammern die Etappe des Ausstiegs)

Discovery Channel/USA – DSC
(Sportdirektor: Johan Bruyneel)
1	Lance Armstrong	USA
2	Jose Azevedo	Portugal
3	Manuel Beltran (12.)	Spanien
4	George Hincapie	USA
5	Benjamin Noval	Spanien
6	Pavel Padrnos	Tschechien
7	Jaroslaw Popowitsch	Ukraine
8	Jose Luis Rubiera	Spanien
9	Paolo Savoldelli	Italien

T-Mobile Team/Bonn – TMO
(Sportdirektor: Mario Kummer)
11	Jan Ullrich	CH-Scherzingen
12	Giuseppe Guerini	Italien
13	Matthias Kessler	CH-Kreuzlingen
14	Andreas Klöden (17.)	CH-Kreuzlingen
15	Daniele Nardello	Italien
16	Stephan Schreck	D-Erfurt
17	Oscar Sevilla	Spanien
18	Tobias Steinhauser	D-Scheidegg
19	Alexander Winokurow	Kasachstan

Team CSC/Dänemark – CSC
(Sportdirektor: Bjarne Riis)
21	Ivan Basso	Italien
22	Kurt-Asle Arvesen	Norwegen
23	Bobby Julich	USA
24	Giovanni Lombardi	Italien
25	Luke Roberts	Australien
26	Carlos Sastre	Spanien
27	Nicki Sörensen	Dänemark
28	Jens Voigt (11.)*	Berlin
29	David Zabriskie (9.)	USA

Iles Baleares/Spanien – IBA
(Sportdirektor: Eusebio Unzue)
31	Francisco Mancebo	Spanien
32	Jose Luis Arrieta	Spanien
33	David Arroyo	Spanien
34	Daniel Becke	D-Erfurt
35	Isaac Galvez (8.)	Spanien
36	Vicente Garcia Acosta	Spanien
37	Wladimir Karpets	Russland
38	Alejandro Valverde (13.)	Spanien
39	Xabier Zandio	Spanien

Davitamon-Lotto/Belgien – DAL
(Sportdirektor: Hendrik Redant)
41	Robbie McEwen	Australien
42	Mario Aerts	Belgien
43	Christophe Brandt	Belgien
44	Cadel Evans	Australien
45	Axel Merckx	Belgien
46	Fred Rodriguez	USA
47	Leon Van Bon (8.)	Niederlande
48	Johan Van Summeren	Belgien
49	Wim Vansevenant	Belgien

Rabobank/Niederlande – RAB
(Sportdirektor: Erik Breukink)
51	Denis Mentschow	Russland
52	Michael Boogerd	Niederlande
53	Erik Dekker	Niederlande
54	Karsten Kroon	Niederlande
55	Gerben Loewik (14.)	Niederlande
56	Joost Posthuma	Niederlande
57	Michael Rasmussen	Dänemark
58	Marc Wauters	Belgien
59	Pieter Weening	Niederlande

Phonak/Schweiz – PHO
(Sportdirektor: Johan Lelangue)
61	Santiago Botero	Kolumbien
62	Bert Grabsch	CH-Bottighofen
63	Jose Enrique Gutierrez	Spanien
64	Robert Hunter (12.)	Südafrika
65	Nicolas Jalabert	Frankreich
66	Floyd Landis	USA
67	Alexandre Moos	Schweiz
68	Oscar Pereiro	Spanien
69	Steve Zampieri (7.)	Schweiz

Fassa Bortolo/Italien – FAS
(Sportdirektor: Bruno Cenghialta)
71	Fabian Cancellara	Schweiz
72	Lorenzo Bernucci	Italien
73	Claudio Corioni (6.)	Italien
74	Mauro Facci	Italien
75	Juan Antonio Flecha	Spanien
76	Dario Frigo (11.)**	Italien
77	Massimo Giunti	Italien
78	Wolodymir Gustow	Ukraine
79	Kim Kirchen (11.)	Luxemburg

Saunier Duval/Spanien – SDV
(Sportdirektor: Pietro Algeri)
81	Juan Manuel Garate	Spanien
82	Rubens Bertogliati	Schweiz
83	David Canada	Spanien
84	Nicolas Fritsch (12.)	Frankreich
85	Jose Angel Gomez Marchante (9.)	Spanien
86	Chris Horner	USA
87	Leonardo Piepoli	Italien
88	Manuel Quinziato	Italien
89	Constantino Zaballa (5.)	Spanien

Liberty Seguros/Spanien – LSW
(Sportdirektor: Manolo Saiz)
91	Roberto Heras	Spanien
92	Joseba Beloki	Spanien
93	Alberto Contador	Spanien
94	Allan Davis	Australien
95	Igor Gonzalez de Galdeano (9.)	Spanien
96	Jörg Jaksche	A-Kitzbühel
97	Luis Leon Sanchez	Spanien
98	Marcos Serrano	Spanien
99	Angel Vicioso	Spanien

Credit Agricole/Frankreich – C.A
(Sportdirektor: Roger Legeay)
101	Christophe Moreau	Frankreich
102	Laszlo Bodrogi	Ungarn
103	Pietro Caucchioli	Italien
104	Patrice Halgand	Frankreich
105	Sebastien Hinault	Frankreich
106	Thor Hushovd	Norwegen
107	Sebastien Joly	Frankreich
108	Andrej Katscheschkin	Kasachstan
109	Jaan Kirsipuu (9.)	Estland

Liquigas-Bianchi/Italien – LIQ
(Sportdirektor: Roberto Amadio)
111	Stefano Garzelli	Italien
112	Michael Albasini	Schweiz
113	Magnus Backstedt (16.)	Schweden
114	Kjell Carlström	Finnland
115	Dario Cioni	Italien
116	Mauro Gerosa	Italien
117	Marcus Ljungqvist	Schweden
118	Luciano Pagliarini (9.)	Brasilien
119	Franco Pellizotti	Italien

Cofidis/Frankreich – COF
(Sportdirektor: Francis Van Londersele)
121	Stuart O'Grady	Australien
122	Stephane Auge	Frankreich
123	Frederic Bessy	Frankreich
124	Sylvain Chavanel	Frankreich
125	Thierry Marichal	Belgien
126	David Moncoutie	Frankreich
127	Janek Tombak	Estland
128	Cedric Vasseur	Frankreich
129	Matthew White	Australien

Bouygues Telecom/Frankreich – BTL
(Sportdirektor: Christian Guiberteau)
141	Didier Rous	Frankreich
142	Walter Beneteau	Frankreich
143	Laurent Brochard	Frankreich
144	Pierrick Fedrigo	Frankreich
145	Anthony Geslin	Frankreich
146	Laurent Lefevre	Frankreich
147	Jerome Pineau	Frankreich
148	Matthieu Sprick	Frankreich
149	Thomas Voeckler	Frankreich

Lampre/Italien – LAM
(Sportdirektor: Giuseppe Martinelli)
151	Eddy Mazzoleni	Italien
152	Gianluca Bortolami (16.)	Italien
153	Salvatore Commesso	Italien
154	Gerrit Glomser (10.)	Österreich
155	David Loosli	Schweiz
156	Jewgenj Petrow (10.)***	Russland
157	Daniele Righi	Italien
158	Alessandro Spezialetti (7.)	Italien
159	Gorazd Stangelj	Slowenien

Team Gerolsteiner – GST
(Sportdirektor: Hans-Michael Holczer)
161	Georg Totschnig	Österreich
162	Robert Förster	D-Markkleeberg
163	Sebastian Lang	D-Erfurt
164	Levi Leipheimer	USA
165	Michael Rich	D-Emmendingen
166	Ronny Scholz	D-Herrenberg
167	Fabian Wegmann	D-Freiburg
168	Peter Wrolich	Österreich
169	Beat Zberg	Schweiz

Française des Jeux/Frankreich – FDJ
(Sportdirektor: Marc Madiot)
171	Bradley McGee	Australien
172	Sandy Casar	Frankreich
173	Baden Cooke	Australien
174	Carlos Da Cruz	Frankreich
175	Bernhard Eisel	Österreich
176	Philippe Gilbert	Belgien
177	Thomas Lövkvist	Schweden
178	Christophe Mengin (8.)	Frankreich
179	Francis Mourey	Frankreich

Domina Vacanze/Italien – DOM
(Sportdirektor: Gianluigi Stanga)
181	Sergej Gontschar (8.)	Ukraine
182	Alessandro Bertolini	Italien
183	Alessandro Cortinovis	Italien
184	Angelo Furlan (12.)	Italien
185	Andrej Griwko	Ukraine
186	Maxim Iglinskj	Kasachstan
187	Jörg Ludewig	D-Steinfurt
188	Rafael Nuritdinov	Usbekistan
189	Alessandro Vanotti	Italien

Euskaltel/Spanien – EUS
(Sportdirektor: Julian Gorospe)
191	Iban Mayo	Spanien
192	Iker Camano	Spanien
193	Unai Etxebarria	Venezuela
194	Iker Flores	Spanien
195	David Herrero (15.)	Spanien
196	Inaki Isasi	Spanien
197	Inigo Landaluze	Spanien
198	Egoi Martinez	Spanien
199	Haimar Zubeldia	Spanien

AG2R/Frankreich – AG2
(Sportdirektor: Vincent Lavenu)
201	Jean-Patrick Nazon (11.)	Frankreich
202	Mikel Astarloza	Spanien
203	Sylvain Calzati (8.)	Frankreich
204	Samuel Dumoulin	Frankreich
205	Simon Gerrans	Australien
206	Stephane Goubert	Frankreich
207	Jurj Kriwtsow	Ukraine
208	Nicolas Portal	Frankreich
209	Ludovic Turpin	Frankreich

Quick Step/Belgien – QST
(Sportdirektor: Wilfried Peeters)
131	Tom Boonen (12.)	Belgien
132	Wilfried Cretskens (15.)	Belgien
133	Kevin Hulsmans (11.)*	Belgien
134	Servais Knaven	Niederlande
135	Michael Rogers	Australien
136	Patrik Sinkewitz	D-Künzell
137	Bram Tankink	Niederlande
138	Guido Trenti	USA
139	Stefano Zanini (11.)	Italien

* Ausschluss wegen Überschreiten des Zeitlimits

** Ausschluss wegen Dopingverdachts

*** Ausschluss wegen eines zu hohen Hämatokritwertes

≫ Die wichtigsten Tour-Regeln 2005

Zeitgutschriften: 20-12-8 Sekunden für alle Etappen mit Ausnahme der Zeitfahren; 6-4-2 Sekunden bei Zwischensprints.

Zeitnahme: Alle Zeiten werden generell auf die volle Sekunde abgerundet; Zehntel- oder Hundertstel beim Zeitfahren dienen nur der Platzierung; bei Gleichstand in der Gesamtwertung entscheiden sie auch über den Träger des Gelben oder Weißen Trikots.

Sturz im Finale: Wer auf dem letzten Kilometer stürzt, erhält die gleiche Zeit wie die Gruppe, der er angehörte; allerdings nur, wenn er noch das Ziel passiert hat.

Zeitüberschreitung: Erlaubt sind Rückstände auf den Sieger zwischen fünf und 18 Prozent je nach Schwere der Strecke und Durchschnittstempo; bei Zeitfahren 25 bis 33 Prozent. Bei Überschreitung erfolgt in der Regel der Ausschluss.

Alle Etappensieger und Trikotträger der 92. Tour de France

	Etappensieger	Gelbes Trikot	Grünes Trikot	Rot-Gepunktetes Trikot	Weißes Trikot

1. Etappe	Zabriskie (CSC)	Zabriskie	Zabriskie	–	Cancellara
2. Etappe	Boonen (GST)	Zabriskie	Boonen	Voeckler	Cancellara
3. Etappe	Boonen (GST)	Zabriskie	Boonen	Dekker	Cancellara
4. Etappe	Discovery Channel	Armstrong	Boonen	Dekker	Popowitsch
5. Etappe	McEwen (DVL)	Armstrong	Boonen	Dekker	Popowitsch
6. Etappe	Bernucci (FAS)	Armstrong	Boonen	Kroon	Popowitsch
7. Etappe	McEwen (DVL)	Armstrong	Boonen	Wegmann	Popowitsch
8. Etappe	Weening (RAB)	Armstrong	Boonen	Rasmussen	Karpets
9. Etappe	Rasmussen (RAB)	Voigt	Boonen	Rasmussen	Karpets
10. Etappe	Valverde (IBA)	Armstrong	Boonen	Rasmussen	Valverde
11. Etappe	Winokurow (TMO)	Armstrong	Boonen	Rasmussen	Valverde
12. Etappe	Moncoutie (COF)	Armstrong	Hushovd	Rasmussen	Valverde
13. Etappe	McEwen (DVL)	Armstrong	Hushovd	Rasmussen	Valverde
14. Etappe	Totschnig (GST)	Armstrong	Hushovd	Radmussen	Popowitsch
15. Etappe	Hincapie (DSC)	Armstrong	Hushovd	Rasmussen	Popowitsch
16. Etappe	Pereiro (PHO)	Armstrong	Hushovd	Rasmussen	Popowitsch
17. Etappe	Savoldelli (DSC)	Armstrong	Hushovd	Rasmussen	Popowitsch
18. Etappe	Serano (LSW)	Armstrong	Hushovd	Rasmussen	Popowitsch
19. Etappe	Guerini (TMO)	Armstrong	Hushovd	Rasmussen	Popowitsch
20. Etappe	Armstrong (DSC)	Armstrong	Hushovd	Rasmussen	Popowitsch
21. Etappe	Winokurow (TMO)	Armstrong	Hushovd	Rasmussen	Popowitsch

Die Sonderwertungen:

Gelbes Trikot (nach Zeit): Das begehrteste Trikot im Radsport trägt der Fahrer mit der geringsten Gesamtzeit. Es wurde bei der Tour de France 1919 eingeführt, um den Zuschauern die Identifizierung des Spitzenreiters zu erleichtern.

Grünes Trikot (nach Punkten): Bei den Etappenankünften und unterwegs bei Zwischensprints geht es für die Sprinter um Punkte. Dabei sind Flachetappen deutlich höher eingestuft als Bergetappen.

Rot-Gepunktetes Trikot (nach Punkten): Die Berge der Tour sind in die Kategorien 4 (leicht) bis 1 (schwer) und zusätzlich die Ehrenkategorie (»hors categorie«) eingeteilt. Entsprechend der Einstufung erhalten die Erstplatzierten am Berg-Zielstrich Punkte.

Weißes Trikot (nach Zeit): Zeichnet den besten Nachwuchsfahrer aus. Die Wertung erfolgt nach den Zeitrückständen in der Gesamtwertung. Gewertet werden Fahrer, die 2005 höchstens 25 Jahre alt sind.

Toursieger im Stenogramm

Lance Armstrong (USA)

geb. am 18. September 1971 in Dallas/Texas

Wohnorte: Austin/Texas und Gerona/Spanien

Größe: 1,78 m, Gewicht: 74 kg

Familienstand: geschieden von Ehefrau Kristin, drei Kinder, Sohn Luke (5), Zwillingstöchter Isabelle Rose und Grace Elizabeth (3)

Lebensgefährtin Sängerin Sheryl Crow

Profi nach den Olympischen Spielen 1992 in Barcelona: Motorola (bis 1996), Cofidis (1997), US Postal (1998 bis 2004) und Discovery Channel (seit 2005)

Zwangspause wegen Krebserkrankung von Herbst 1996 (nach den Sommerspielen von Atlanta) bis Frühjahr 1998

Größte sportliche Erfolge:

Tour de France (11 Starts/82 Tage im Gelben Trikot): Rekord-Gesamtsieger mit sieben Erfolgen: 1999, 2000, 2001, 2002, 2003, 2004 und 2005

22 Etappensiege: Verdun 1993, Limoges 1995, Prolog Le Puy-du-Fou 1999, Zeitfahren in Metz 1999, Sestrières 1999, Zeitfahren in Futuroscope 1999, Mulhouse 2000, L'Alpe d'Huez 2001, Zeitfahren in Chamrousse 2001, Saint-Larie-Soulan/2001, Saint-Amand-Montrond/2001, Prolog in Luxemburg/2002, La Mongie/2002, Plateau de Beille/2002, Zeitfahren in Macon/2002, Luz-Ardiden/2003, Plateau de Beille/2004, Villard-de-Lans/2004, L'Alpe d'Huez/2004, Le Grand Bornand/2004, Besançon/2004, Blois/2005, St. Etienne/2005

Weitere Tour-Platzierungen: Aufgabe 1993, Aufgabe 1994, 36. Platz 1995, Aufgabe 1996

Giro d'Italia: Dritter 1998, Spanien-Rundfahrt: Vierter 1998, Tour de Suisse: Sieger 2001

Klassiker-Siege: San Sebastian Classic 1995, Wallonischer Pfeil 1996

Olympia-Bronze im Zeitfahren in Sydney 2000

Straßen-Weltmeister 1993 in Oslo

Halbe Million für Armstrong-Team

Dank der 400.000-Euro-Prämie für das Gelbe Trikot von Kapitän Lance Armstrong hat der US-Rennstall Discovery Channel über eine halbe Million Euro an Preisgeldern kassiert. Insgesamt nahmen die Amerikaner 545.640 Euro mit und führen damit auch die Geldrangliste der Rundfahrt vor Jan Ullrichs T-Mobile-Team an. Bei der »Tour der Leiden« konnte sich die durch Stürze von Ullrich sowie Andreas Klöden und Matthias Kessler gehandicapte Bonner Crew mit 258.730 Euro trösten. Dabei steuerte Ullrich 92.000 Euro für seinen dritten Platz im Gesamtklassement bei.

Exakt 1,927 Millionen Euro wurden an die Teilnehmer verteilt. Für die Platzierungen im Gesamtklassement gab es insgesamt 900.000 Euro.

»Nur« 137.650 bzw. 106.650 Euro standen für die Gewinner der Punkt- und Bergwertungen zur Verfügung. Sowohl der Gewinner des Grünen (Hushovd/C.A) als auch der des Gepunkteten (Rasmussen/RAB) kassierte 25.000 Euro. Der beste Nachwuchsfahrer (Popowitsch) erhielt 20.000 Euro aus der mit 66.000 Euro dotierten Wertung um das Weiße Trikot, für den Gewinn der Mannschaftswertung gab es 35.000 Euro für das Team Telekom aus einem 156.000-Euro-Topf.

Etappensieger erhielten 8000 Euro, mit 15.000 wurde das beste Team des Mannschaftszeitfahrens belohnt.

1.	Discovery Channel/USA	545.640 €
2.	T-Mobile/Deutschland	258.730 €
3.	CSC/Dänemark	237.520 €
4.	Credit Agricole/Frankreich	107.420 €
5.	Illes Balears/Spanien	105.180 €
6.	Phonak/Schweiz	99.360 €
7.	Rabobank/Niederlande	96.120 €
8.	Gerolsteiner/Deutschland	68.050 €
9.	Davitamon-Lotto/Belgien	65.210 €
10.	Française Des Jeux/Frankreich	58.040 €
11.	Cofidis/Frankreich	57.070 €
12.	Liberty Seguros/Spanien	42.390 €
13.	Quick Step/Belgien	33.660 €
14.	Fassa Bortolo/Italien	32.860 €
15.	Bouygues Telecom/Frankreich	27.710 €
16.	Liquigas/Italien	25.120 €
17.	Lampre/Italien	20.620 €
18.	Domina Vacanze/Italien	18.020 €
19.	AG2R/Frankreich	17.000 €
20.	Saunier Duval/Spanien	12.070 €
21.	Euskaltel/Spanien	9.310 €

Die Hauptsponsoren der 21 Tour-Teams 2005

AG2R/Frankreich: Vorsorge-Kasse

Bouygues Telecom/Frankreich: Mobiltelefon-Anbieter

Cofidis/Frankreich: Telefon- und Kreditgesellschaft

Credit Agricole/Frankreich: Bank

Davitamon-Lotto/Belgien: Pharmakonzern/ National-Lotterie

Discovery Channel/USA: TV-Sender

Domina Vacanze/Italien: Touristik

Euskaltel-Euskadi/Spanien: Telekommunikation

Fassa Bortolo/Italien: Baustoffe-Farben

Francaise des Jeux/Frankreich: Lotterie-Gesellschaft

Gerolsteiner/Deutschland: Mineralwasser

Illes Balears/Spanien: Balearen-Regierung

Lampre-Caffita/Italien: Baustoffe/Kaffee

Liberty Seguros/Spanien: Versicherung

Liquigas-Bianchi/Italien: Gaswerke/Fahrradhersteller

Phonak/Schweiz: Hörsysteme

Quick Step/Belgien: Bodenbeläge

Rabobank/Niederlande: Bank

Saunier Duval-Prodir/Frankreich: Klima-Heizanlagen/Schreibgeräte

Team CSC/Dänemark: EDV

T-Mobile: Telekommunikation

≫ Tour-Geschichte in Zahlen

Die meisten Siege

7 Lance Armstrong (USA) 1999, 2000, 2001, 2002, 2003, 2004, 2005
5 Jacques Anquetil (Frankreich) 1957, 1961, 1962, 1963, 1964
Eddy Merckx (Belgien) 1969, 1970, 1971, 1972, 1974
Bernard Hinault (Frankreich) 1978, 1979, 1981, 1982, 1985
Miguel Indurain (Spanien) 1991, 1992, 1993, 1994, 1995
3 Philippe Thys (Belgien) 1913, 1914, 1920
Louison Bobet (Frankreich) 1953, 1954, 1955
Greg LeMond (USA) 1986, 1989, 1990
2 Lucien Petit-Breton (Frankreich) 1907, 1908
Firmin Lambot (Frankreich) 1919, 1922
Ottavio Bottecchia (Italien) 1924, 1925
Nicolas Frantz (Luxemburg) 1927, 1928
Andre Leducq (Frankreich) 1930, 1932
Antonin Magne (Frankreich) 1931, 1934
Sylvere Maes (Belgien) 1936, 1939
Gino Bartali (Italien) 1938, 1948
Fausto Coppi (Italien) 1949, 1952
Bernard Thevenet (Frankreich) 1975, 1977
Laurent Fignon (Frankreich) 1983, 1984

Jüngste Tour-Sieger (Jahre)

20 Henri Cornet (Frankreich) 1904
21 Octave Lapize (Frankreich) 1910
22 Romain Maes (Belgien) 1935
Felice Gimondi (Italien) 1965
Laurent Fignon (Frankreich) 1983 u.a.
23 Jacques Anquetil (Frankreich) 1957
Bernard Hinault (Frankreich) 1978
Jan Ullrich (Merdingen) 1997
24 Eddy Merckx (Belgien) 1969

Älteste Tour-Sieger (Jahre)

36 Firmin Lambot (Belgien) 1922
34 Henri Pelissier (Frankreich) 1923
Gino Bartali (Italien) 1948 u.a.
33 Joop Zoetemelk (Niederlande) 1980
Lance Armstrong (USA) 2005
32 Fausto Coppi (Italien) 1952
Bjarne Riis (Dänemark) 1996
31 Miguel Indurain (Spanien) 1995
30 Jacques Anquetil (Frankreich) 1964
Bernard Hinault (Frankreich) 1985
29 Eddy Merckx (Belgien) 1974
28 Marco Pantani (Italien) 1998

Rekordträger Gelbes Trikot (Tage)

96 Eddy Merckx
82 Lance Armstrong
78 Bernard Hinault
60 Miguel Indurain
51 Jacques Anquetil u.a.
18 Jan Ullrich (Merdingen/Telekom)
13 Bjarne Riis (Dänemark/Telekom)
7 Marco Pantani (Italien)

Knappste Tour-Siege

8 Sekunden: 1989 Greg Lemond (USA) vor Laurent Fignon (FRA)
38 Sekunden: 1968 Jan Janssen (NED) vor Herman van Springel (BEL)
40 Sekunden: 1987 Stephen Roche (IRL) vor Pedro Delgado (ESP)
48 Sekunden: 1977 Bernard Thevenet (FRA) vor Hennie Kuiper (NED)
55 Sekunden: 1964 Jacques Anquetil (FRA) vor Raymond Poulidor (FRA)

Klarste Siege der letzten zehn Jahre

9:09 Minuten 1997 Jan Ullrich (GER) vor Richard Virenque (FRA)
7:37 Minuten 1999 Lance Armstrong (USA) vor Alex Zülle (CH)
7:17 Minuten 2002 Lance Armstrong (USA) vor Joseba Beloki (ESP)
6:44 Minuten 2001 Lance Armstrong (USA) vor Jan Ullrich (GER)
6:19 Minuten 2004 Lance Armstrong (USA) vor Andreas Klöden (GER)
6:02 Minuten 2000 Lance Armstrong (USA) vor Jan Ullrich (GER)
4:40 Minuten 2005 Lance Armstrong (USA) vor Ivan Basso (ITA)
4:35 Minuten 1995 Miguel Indurain (ESP) vor Alex Zülle (CH)
3:21 Minuten 1998 Marco Pantani (Italien) vor Jan Ullrich (GER)
1:41 Minuten 1996 Bjarne Riis (DAN) vor Jan Ullrich (GER)

Deutsche Etappensieger

12 Erik Zabel: 1995/2, 1996/2, 1997/3, 2000/1, 2001/3, 2002/1
8 Rudi Altig: 1962/3, 1964/1, 1966/3, 1969/1
7 Jan Ullrich: 1996/1, 1997/2, 1998/3, 2003/1
6 Didi Thurau: 1977/5, 1979/1
3 Olaf Ludwig: 1990/1, 1992/1, 1993/1
2 Erich Bautz: 1937/2
Otto Weckerling: 1937/1, 1938/1
Rolf Wolfshohl: 1967/1, 1970/1
Klaus Peter Thaler: 1977/1, 1978/1
Rolf Gölz: 1987/1, 1988/1
1 Jens Voigt: 2001/1
Marcel Wüst: 2000/1
Jens Heppner: 1998/1
Kurt Stöpel: 1932/1
Heinz Wengler: 1937/1
Willi Oberbeck: 1938/1

Deutsche Träger des Gelben Trikots (Tage)

18 Rudi Altig 1962/4, 1964/3, 1966/10, 1969/1
18 Jan Ullrich 1997/12, 1998/6
15 Didi Thurau 1977
4 Erich Bautz 1937
Karlheinz Kunde 1966
2 Rolf Wolfshohl 1968
Klaus-Peter Thaler 1978
Erik Zabel 1998/1, 2002/1
Jens Voigt 2001, 2005
1 Kurt Stöpel 1932
Willy Oberbeck 1938

Beste deutsche Platzierungen

1. Jan Ullrich 1997
2. Kurt Stöpel 1932
Jan Ullrich 1996
Jan Ullrich 1998
Jan Ullrich 2000
Jan Ullrich 2001
Jan Ullrich 2003
Andreas Klöden 2004
3. Jan Ullrich 2005
4. Hans Junkermann 1960
Jan Ullrich 2004
5. Hans Junkermann 1961
6. Rolf Wolfshohl 1968

Deutsche Gewinner des Grünen Trikots

1962 Rudi Altig
1990 Olaf Ludwig
1996 Erik Zabel
1997 Erik Zabel
1998 Erik Zabel
1999 Erik Zabel
2000 Erik Zabel
2001 Erik Zabel

Deutsche im Grünen Trikot

Erik Zabel (1996-2002)
Rudi Altig (1962)
Olaf Ludwig (1990)
Marcel Wüst (2000)

Deutsche im Bergtrikot

Jens Voigt (1998, 1 Tag)
Marcel Wüst (2000, 5 Tage)
Fabian Wegmann (2005, 1 Tag)

Meiste Etappensieger

34 Eddy Merckx (Belgien)
28 Bernard Hinault (Frankreich)
25 Andre Leducq (Frankreich)
22 Lance Armstrong (USA)
Andre Darrigade (Frankreich)
20 Nicolas Frantz (Luxemburg)
19 Francois Faber (Luxemburg)
17 Jean Alavoine (Frankreich)
16 Charles Pelissier (Frankreich)
Jacques Anquetil (Frankreich)
Rene Le Greves (Frankreich)
15 Freddy Maertens (Belgien)
13 Louis Trusselier (Frankreich)
Philippe Thys (Belgien)
12 Erik Zabel (Unna/Telekom)
Gino Bartali (Italien)
Jean Aerts (Belgien)
Mario Cipollini (Italien)
Miguel Indurain (Spanien)

Die meisten Etappensiege nach Ländern

653	Frankreich	23	Großbritannien
450	Belgien	15	Australien
247	Italien	14	Dänemark
152	Niederlande	12	Kolumbien
101	Spanien	10	Irland
63	Luxemburg	9	Usbekistan
52	Deutschland	8	Portugal
51	Schweiz	7	Russland
35	USA		

Die häufigsten Gewinner des Grünen Trikots

6 Erik Zabel (Unna/Telekom) 1996, 1997, 1998, 1999, 2000, 2001
4 Sean Kelly (Irland) 1982, 1983, 1985, 1989
3 Jan Janssen (Niederlande) 1964, 1965, 1967
Eddy Merckx (Belgien) 1969, 1971, 1972
Freddy Maertens (Belgien) 1976, 1978, 1981
Dschamolidin Abduschaparow (Usbekistan) 1991, 1993, 1994
2 Constant Ockers (Belgien) 1955, 1956
Jean Graczyk (Frankreich) 1958, 1960
Andre Darrigade (Frankreich) 1959, 1961
Laurent Jalabert (Frankreich) 1992, 1995
Robbie McEwen (Australien) 2002, 2004
1 u.a. Rudi Altig (Mannheim) 1962
Olaf Ludwig (Gera) 1990
Walter Godefroot (Belgien) 1970
Rudy Pevenage (Belgien) 1980
Thor Hushovd (Norwegen) 2005

Die häufigsten Gewinner des Gepunkteten Trikots (Bergwertung)

7 Richard Virenque (Frankreich) 1994 bis 1997, 1999, 2003, 2004
6 Federico Bahamontes (Spanien) 1954, 1958, 1959, 1962 bis 1964
Lucien Van Impe (Belgien) 1971, 1972, 1975, 1977, 1981, 1983
3 Julio Jimenez (Spanien) 1965, 1966, 1967
2 Felicien Vervaecke (Belgien) 1935, 1937
Gino Bartali (Italien) 1938, 1948
Fausto Coppi (Italien) 1949, 1952
Charly Gaul (Luxemburg) 1955, 1956
Imerio Massignan (Italien) 1960, 1961
Eddy Merckx (Belgien) 1969, 1970
Luis Herrera (Kolumbien) 1985, 1987
Claudio Chiapucci (Italien) 1991, 1992
Laurent Jalabert (Frankreich) 2001, 2002
1 u.a. Michael Rasmussen (Dänemark) 2005

Die häufigsten Gewinner des Weißen Trikots (Nachwuchswertung)

3 Jan Ullrich (Merdingen/Telekom) 1996, 1997, 1998
2 Marco Pantani (Italien) 1994, 1995
1 u.a. Jaroslaw Popowitsch (Ukraine) 2005
Wladimir Karpets (Russland) 2004